Introduktion
till
Datavetenskap

Robert Strandh

Juli 2014

ii

Innehåll

Kapitel 1

Introduktion

1.1 Målgrupp

Denna bok är avsedd för elever och studenter som har funderat på högre studier i datavetenskap, men som ännu inte har fattat ett slutligt beslut, men också för elever och studenter som har eliminerat datavetenskap från möjliga ämnesval, men kanske av felaktiga anledningar, och givetvis för elever och studenter som fortfarande är öppna för ett brett spektrum av ämnen för högre studier. Syftet med boken är att ge en god idé om vilken typ av problem som folk som arbetar inom ett flertal områden besläktade med datavetenskap, datalogi, informationsteknik, programmering och systemutvecklingsmetodik kan tänkas bli tillfrågade att lösa. Av den anledningen är boken framförallt avsedd för dem som vet relativt lite om vad det betyder att studera något av dessa områden, och speciellt för dem som kanske har en förvrängd bild av vad yrkesverksamma människor inom dessa områden gör.

1.2 Vad är datavetenskap?

Det visar sig att det är aningen svårt att förstå vad datavetenskap *är* och vad folk som är yrkesverksamma inom datavetenskap *gör*. Först, låt se om vi kan reda ut vad datavetenskap *inte* är.

Vi börjar med ett berömt citat:

> Datavetenskap handlar lika lite om datorer som astronomi handlar
> om teleskop.[1] – M. R. Fellows and I. Parberry[2]

Från citatet ovan förstår vi att datavetenskap inte har med datorer att göra, vilket man lätt kan tro på grund av att ordet "data" är en del av namnet.

Låt oss nu undersöka vad order "vetenskap" betyder:

> Vetenskap är ett begrepp som kan sägas innebära organiserad, veri-
> fierbar kunskap. Den bygger starkt på ett system att skaffa kunskap
> som kännetecknas av empiri (undersökning), observationer, experi-
> ment och tester som ska kunna återupprepas. – Från Vetenskap och
> Forskning (VoF).

Citatet ovan visar att datavetenskap inte heller är någon vetenskap, för inom datavetenskap använder man inte dessa metoder för att skaffa kunskap.

Så om datavetenskap inte handlar om datorer och inte är en vetenskap, vad är den då, och varför kallas den så? Vi börjar med den andra frågan. Vi gissar att det finns en viss tendens att använda ordet "vetenskap" då man egentligen menar "fina grejor". Folk som använder ordet såhär blir förolämpade när man säger till dem att "datavetenskap är inte en vetenskap", för i deras öron låter det som om man säger "datavetenskap är inte bra". Vi håller givetvis inte med om det.

Det finns i själva verket ett annat ämnesområde som inte heller är en vetenskap enligt citaten här ovan, och det är *matematik*. Liksom datavetenskap, så formulerar inte matematiken hypoteser om den fysiska världen. Istället är det ett av de få ämnesområden som har lyxen att kunna *skapa sina egna världar* och sedan studera dessa världar. Det är lyckligtvis så att vissa av de världar som matematikerna skapar är tillräckligt likartade den fysiska världen att matematiska resultat är i högsta grad tillämpningsbara i den fysiska världen.

---

[1]Orginaltext på engelska: Computer science is no more about computers than astronomy is about telescopes.

[2]Detta citat har ofta tillskrivits en välkänd datavetare vid namn Edsger Dijkstra, men herr Dijkstra är inte ansvarig den här gången.

Datavetenskap är, liksom matematik, ett annat ämnesområde som har lyxen att kunna skapa sina egna världar och sedan studera dessa världar. Lyckligvis är dess världar ibland så likartade den fysiska världen att datavetenskapens metoder kan tillämpas på datorers beteende, och framförallt på beteendet vad beträffar programvaran som körs på dessa datorer.

Men vad beträffar vad datavetenskap egentligen *är*, så är situationen mer komplicerad än så. På 1970-talet så började behovet för universitetsutbildade programmerare och systemutvecklare att öka. De enda existerande institutioner som var kapabla att tillfredsställa behovet var institutionerna för datavetenskap. De accepterade gladeligen detta nya ansvar, för det betydde ett ökat antal studenter, och därmed ökade medel för forskning och utbildning. Men det nya ansvaret förde också med sig en genomträngande förändring av inriktningen av dessa institutioner, helt enkelt för att behovet gällde folk med kunskap om pragmatiska aspekter av datorer och programvara, såsom:

- programmering och specifika programspråk,

- datorarkitektur,

- operativsystem,

- databaser,

- systemutvecklingsmetodik.

Dessa områden var inte del av datavetenskapen till att börja med, och det var till och med så att lärare och forskare på institutionerna för datavetenskap ofta hade mycket begränsad kunskap om dessa områdena, men det är en annan historia som vi inte skall vidareutveckla här.

Således, medan datavetenskap till en början var ett område som studerade de teoretiska grunderna för datorprogram, så har den nu blivit ett område som studerar ett flertal ämnen besläktade med datorer och med programvaran som körs på dessa datorer. Dessa ämnen omfattar, men är inte begränsade till:

- Teori, inklusive beräkningsbarhet, komplexitetsteori, grafteori, vissa delar av kombinatorik, logik, formell semantik, osv.

- Programmeringsparadigmer, såsom *imperativ, funktionell, objektorienterad, deklarativ,* osv.

- Programspråk, både existerande språk och skapandet av nya språk.

- Programvaruarkitektur, dvs hur man organiserar ett stort program genom att dela upp det i moduler för att det skall vara lättare att förstå och att underhålla.

- Systemutvecklingsmetodik, som förutom tekniska metoder, också täcker sociala och ekonomiska aspekter, liksom organisation och ledning av stora programmeringsprojekt.

- Algoritmer och datastrukturer, som behandlar metoder för att organisera data i minnet på en dator, och för att effektiva sätt att söka och förändra dessa data.

- Databaser, ett område som handlar om prestanda och säkerhet vad gäller lagring av stora datavolymer på sekundärminne, samt sökmetoder och språk för dessa data.

- Operativsystem, som täcker tekniker och algoritmer för att skapa och analysera operativsystem.

- Kompilatorteknik, som innehåller tekniker och algoritmer för att översätta program skrivna i högnivåspråk till maskinspråk.

- Datorgrafik, med metoder för att analysera, transformera, och skapa bilder.

- Ljudbehandling, med metoder för att analysera, transformera, och skapa ljud.

- Vissa delar av digital signalbehandling och styrteknik.

- Vissa delar av områden för att tillverka användargränssnitt, för användbarhet och ergonomi i tillämpningsprogram.

- Metoder för formell specifikation och verifikation av program.

- Nätverk och parallell databehandling.

- Artificiell intelligens, med sökmetoder, kunskapsrepresentation, mm.

- Datorgeometri med algoritmer och datastrukturer for behandling av geometriska former.

- Datorlingvistik, inklusive förståelse av naturliga språk, och översättning.

På engelska kallas datavetenskap "computer science", och det är antagligen så att "datavetenskap" är en översättning till svenskan av den engelska termen. Egentligen är "datalogi" ett bättre ord än "datavetenskap", och medan "datalogi" används så på danska, så har "datalogi" på svenska kommit att stå för de teoretiska delarna av datavetenskap. I många länder där engelskan inte är det dominerande språket använder man också bättre ord. Så kallar man t ex området för "informatique" på franska, och vissa engelskspråkiga personer har börjat använda order "informatics".

Datavetenskap är ett mycket spännande ämnesområde, för de senaste decennierna har datavetenskapen tenderat att attackera huvudmålsättningarna hos andra områden, att tillämpa och utveckla metoder som är välanpassade till de nya problemen, men som använder tekniker som känns "naturliga" för en datavetare. Genom att ta sig an andra områden har datavetare gjort stora framsteg inom dessa områdena. Till exempel:

- Arkeologi. Tidigare dokumenterade arkeologer en utgrävning genom att rita diagram med positioner för alla upptäcka objekt. Nu kan de ta digitala bilder med en kamera eller mobiltelefon, från vilket avstånd och vilken vinkel som helst. Digitala metoder kan sedan behandla dessa bilderna och konstruera tredimensionella modeller av utgrävningen, och de kan till och med analysera objekten i bilderna.

- Sjukvård. Tekniker såsom magnetisk resonanstomografi och datortomografi är beroende av metoder från datavetenskap för att hålla nere stråldoser och samtidigt förbättra noggrannheten hos resultatet, och för att presentera bilder för sjukvårdspersonalen.

- Arkitektur. Tredimensionella modeller är billiga att framställa, och gör det möjligt för arkitekter att göra virtuella promenader i byggnadsverk som ännu inte existerar.

- Akustik. Konstruktioner för konsertsalar kan nu testas vad beträffar dess akustiska egenskaper långt innan de byggts.

- Ingenjörskonst. Tack vare digitala metoder så kan man nu konstruera en mångfald objekt såsom bilar både snabbare och billigare, medan man samtidigt kan öka säkerheten hos slutprodukten.

- Grafisk konst.

- Musik.

Listan kan utökas med snart nog varje aktivt område inom vetenskap, teknik, ingenjörskonst, sociologi, historia, konst, osv.

1.3   Varför studera datavetenskap?

I det här avsnittet presenterar vi några goda anledningar att studera datavetenskap. I själva verket presenterar vi goda anledningar både för att välja en karriär inom datavetenskap och för att studera datavetenskap som aktiv inom något annat område som fysik, kemi, matematik, biologi, geologi, elektronik, mekanik, mm.

Låt oss börja med några goda anledningar att välja en karriär inom datavetenskap. En av de kanske bästa anledningarna är att det ger garanterad anställning. Programvaruindustrin expanderar varje år och visar inga tecken på att sakta ner. Ekonomin i de flesta västländerna drivs inte längre av tillverkning av fysiska objekt, utan av tillverkning av programvara. Anledningen är givetvis att fler och fler prylar styrs av programvara, och att denna programvara blir mer och mer sofistikerad för varje år. Vidare så anställer den traditionella tillverkningsindustrin mer och mer programvarufolk. Anledningen är att andelen av deras produkter som innehåller digital elektronik ständigt ökar, och den andelen styrs av programvara. För att tillverka denna programvara så behöver den traditionella tillverkningsindustrin fler och fler anställda inom områden såsom programmering, systemutvecklingsmetodik, kompilatorteknik, algoritmer, osv. Emedan dessa produkter blir mer och mer komplicerade, så krävs det folk med goda kunskaper inom dessa områden för att kunna tillverka programvaran för produkterna, vilket medför att datavetare blir väsentliga även för tillverkning av mera traditionella produkter.

Många studenter får ett negativt intryck av datavetenskap på grund av bilden av yrkesverksamma datavetare som tillbringar 50-60 timmar per vecka att arbeta vid ett tangentbord och en skärm, utan att se dagsljus, och utan kontakt med kollegor, vänner eller familj. Denna bilden är helt orättvis. Yrkesverksamma datavetare tillbringar största delen av sin tid i kontakter med andra människor såsom kunder, användare, leverantörer, chefer och givetvis med kollegor. Dessa kontakter äger ofta rum internationellt, vilket ger många möjligheter till att resa. Det finns plats för dem som *föredrar* att tillbringa tid med ett tangentbord och en skärm, men detta är inte den typiska situationen.

Låt oss nu försöka svara på frågan om varför något vars specialitet inte är datavetenskap skulle vilja studera datavetenskap. Det är ett faktum att fler och fler områden använder sig av datorbaserade *verktyg*, från enkla kontorsprogram såsom ordbehandlare till avancerade verktyg för datorbaserad konstruktion. Även områden såsom musik, konst, typografi osv kraver användning av mer och mer sofistikerad programvara. Det är givetvis möjligt att bara använda de enklaste funktionerna hos dessa verktyg, men i så fall blir ofta arbetsuppgifterna repetitiva och tråkiga. Mera avancerade funktioner hos dessa verktyg liknar programmering, dvs de tillåter vissa repetitiva moment att bli *automatiserade*. För att kunna använda sådana verktyg effektivt, krävs det att användaren har viss utbildning i programmering. Det händer ofta att avancerade användare skapar små personliga bibliotek av så kallade *makron* för att förenkla vissa arbetsmoment. Ibland är dessa makron så generella att de kan användas av kollegor. En sådan situation är typisk, och en användare utan programmeringsutbildning riskerar att drunkna i begäran om att korrigera defekter och lägga till funktioner. Att hantera sådana krav kräver utbildning i datavetenskap. Vidare kan man se att användare *måste* ta hjälp av avancerade funktioner i verktygen som gör automation möjlig, för annars kommer deras produktivitet att hålla sig på en låg nivå, vilket gör det frestande för ett företag att exportera arbetsuppgifterna till länder med avsevärt lägre lönekostnader.

1.4 Förutsättningar för att studera datavetenskap

Innan man börjar fundera på högre studier i datavetenskap, bör man givetvis ta reda på vilka förutsättningar som krävs för sådana studier.

I motsats till vad många tror så är det inte nödvändigt att kunna något programspråk, och ej heller att veta hur man använder existerande program på kontorsdatorer. I själva verket är det ofta en nackdel att redan ha programmerat, för självlärda programmerare får vanor som är icke-idiomatiska sätt att använda ett programspråk, och sådana vanor måste överges när det handlar om mera komplicerade program som skall skrivas. Tyvärr är det ofta mycket svårt att överge dåliga vanor, och det kan till och med vara psykologiskt svårt att erkänna att kunskap som krävt avsevärd investering för att lära sig är oanvändbar, och kan till och med förvärra situationen.

Så vad är då förutsättningarna för att studera datavetenskap? Först och främst, för att bli en bra datavetare så måste man vara välorganiserad. Framför allt programmering, men även algoritmer och flera andra områden inom datavetenskap, kräver att man behandlar mycket stora mängder av information, och ett stort antal objekt, organiserade i komplicerade strukturer. Det måste bli en vana att ta tid att organisera dessa objekt i filer, subrutiner, klasser, moduler, algoritmer, osv så att dessa objekt blir lätta att hitta vid behov. Man kan givetvis lära sig att bli välorganiserad, men vissa människor verkar ha en naturlig begåvning för detta, medan andra har stora svårigheter, även efter många års erfarenhet.

Att vara välorganiserad är viktigt, men den yrkesverksamme datavetaren måste också ha vad som ofta kallas *intellektuell nyfikenhet*. Att arbeta inom något område inom datavetenskap kräver ett livslångt lärande, helt enkelt för att datavetenskapen utvecklas så snabbt att kunskap kan bli irrelevant bara några år efter att den inhämtats. Men ett livslångt lärande är också nödvändigt för att området är så omfattande att även en högre examen i datavetenskap är otillräcklig för att bli effektiv och produktiv senare. Det är därför absolut nödvändigt för yrkesverksamma datavetare att systematiskt söka efter information om hur problem skall lösas, att regelbundet läsa böcker och artiklar, att delta i vidareutbildning och att experimentera med nya verktyg och ny teknik. Utan denna intellektuella nyfikenhet kommer kunskapsnivån att sjunka på mycket kort tid *i förhållande till kunskapsnivån hos nyutexaminerade datavetare*, och i förhållande till kunskapsnivån hos intellektuellt nyfikna kollegor.

1.5 Bokens innehåll

Trots att datavetenskap täcker allt fler och allt större områden så finns det komponenter som återkommer inom alla dessa områden. Dessa komponenter kan till och med sägas definiera vad det betyder att vara datavetare, och var och en som funderar på att arbeta inom något av dessa områden måste sannolikt använda dessa komponenter dagligen.

Vi tror att datavetenskap innehåller tre sådana grundläggande komponenter, nämligen:

- Teori. För att förbättra någon metod i något område inom datavetenskap så är det nödvändigt att utveckla en teori. Utan teoretiska resultat så finns det ingen anledning att tro att de praktiska metoder som utvecklas verkligen fungerar. Teoretiska resultat ger också antydningar om vilken effektivitet (exekveringstid, minnesanvändning) som kan förväntas av metoderna.

- Algoritmer. Varje metod inom datavetenskap kräver att man konstruerar en stegvis lösning till varje exempel av problemet, och denna stegvisa lösning måste uttryckas så att en dator kan exekvera den. Algoritmer beror av teoretiska resultat, och man kan ofta teoretiskt bevisa att de representerar en allmän lösning till problemet.

- Programmering. Algoritmer måste översättas till något *programspråk* så att en dator kan utföra instruktionerna. Ett program är inte bara en enkel översättning från en algoritm till ett programspråk, för programmet självt måste uppfylla krav på att kunna förstås och underhållas. Valet av programspråk är väsentligt och beror på intresseområdet. Ibland är det till och med fördelaktigt att konstruera ett så kallat områdesspecifikt språk ("domain-specific language" på engelska) för att lösa problemet.

Den här boken innehåller tre delar, en del för varje grundläggande komponent ovan, men illustrerade med ett speciellt ämne, nämligen *grafer*. Grafer är matematiska objekt som är mycket användbara i många delområden av datavetenskap.

Den första delen av boken visar hur man använder *grafteori* för att utveckla *teorem* om grafer. Dessa teorem ger oss typiska matematiska kunskaper såsom huruvida vissa objekt existerar, men de ger oss också ledtrådar vad gäller konstruktion av *algoritmer* för att hitta och manipulera dessa objekt.

Den andra delen av boken använder de teoretiska resultaten för att utveckla ett antal algoritmer och datastrukturer[3] som ger oss möjlighet att hitta och manipulera vissa objekt i anslutning till grafer.

Bokens tredje del visar hur man kan uttrycka algoritmerna från den andra delen i form av *program* i ett visst programspråk. Denna delen använder två *abstrakta datatyper* vars syfte är att göra programmen lättare att förstå och att underhålla. Som vi skall se, så ger olika abstrakta datatyper olika program, även om de löser samma problem.

1.6   Val av programspråk

För att kunna skriva ett program krävs ett *programspråk*. Det finns många programspråk tillgängliga. Många tror att dessa språk är väsentligen samma sak, men så är inte fallet. Varje språk har fördelar och nackdelar beroende på vilket typ av program som skall skrivas. För att göra situationen ännu mera komplicerad så kan ett språk ha flera olika *implementationer*, med olika egenheter.

För att välja ett programspråk för någon uppgift så måste programmeraren ta med flera parametrar i beräkningen vad gäller programspråket som kan tänkas användas, nämligen:

- Hur snabbt programmen *exekveras*.

- Hur snabbt programmen *kompileras*, dvs översätts från språket till maskinspråk.

- Hur *stabilt* språket eller implementationen är, dvs om språket eller implementationen har många defekter.

- Hur *uttrycksfullt* språket är.

- Hur enkelt det är att skriva *modulära* program i språket.

---

[3]En datastruktur är ett nätverk av objekt som är kopplade till varandra på mer eller mindre komplicerade sätt. Vi behandlar datastrukturer mer i detalj senare i boken.

- Vilka *programmeringsparadigmer* (imperativ, funktionell, objektorienterad) som språket stödjer.

- Huruvida det är enkelt, eller ens möjligt, att *blanda* program skrivna i språket med program skrivna i andra språk.

- Huruvida det finns bibliotek av funktioner, klasser osv tillgängliga.

- Portabilitet hos program skrivna i språket.

- Huruvida det finns en internationell standard för språket, oberoende av leverantörerna av implementationer.

- Huruvida en implementation överensstämmer med standarden.

- Huruvida språket sannolikt kommer att utvecklas för att innehålla flera funktioner.

- Huruvida språket eller implementation sannolikt kommer att finnas till i framtiden.

- Huruvida *leverantören* av språket eller implementationen sannolikt kommer att finnas till i framtiden.

- Huruvida det finns flera leverantörer av implementationer.

- Hur enkelt språket är att *lära sig*.

- Hur enkelt språket är att *använda för en erfaren programmerare*.

- Hur enkelt det är att hitta programmerare som behärskar språket.

Att välja ett programspråk för en introduktionskurs i datavetenskap är inte heller så lätt, men avsevärt lättare än att välja ett språk för ett professionellt programmeringsprojekt:

- Språket måste vara relativt enkelt att lära sig, givet att tiden är kraftigt begränsad.

- Det är en fördel att använda ett språk som ofta används för verkliga tillämpningar, för då kan studenten använda kunskaper om språket senare.

- Språket bör göra det möjligt att skriva program som är *modulära* och *lätta att förstå*.

Många aspekter som är viktiga i ett professionellt programmeringsprojekt är således mindre viktiga för en kurs, speciellt huruvida programmen exekverar snabbt och huruvida språket kommer att finnas till i framtiden.

För den här boken har vi valt programspråket "Python". Detta språk är tillgängligt väsentligen som en enda implementation i form av så kallad *FLOSS* (Free, Libre, Open-Source Software). Genom att välja ett språk tillgängligt som FLOSS, gör man det enkelt för studenterna att fritt installera och använda språket hemma.

För att ge läsaren en aning om vad som karakteriserar språket Python, ger vi här en partiell lista av egenskaper[4]:

- Enhetlig referenssemantik.

- Objektorienterad programmering med klasser och instanser.

- Automatisk minneshantering.

- Stort antal bibliotek tillgängliga.

- Enkelt att hantera samlingar av objekt.

- Exekveringshastighet är inte speciellt hög.

- Blockstruktur visas med *indentering*.

1.7   Bokens organisation

Den här boken är uppdelad i tre delar plus bilagor.

I den första delen ("Grunder"), presenterar vi ett matematiskt objekt som vi sedan studerar i den här boken, nämligen objektet *graf*. Vi presenterar flera

---

[4]Vi förväntar inte att läsaren förstår vad detaljerna av dessa funktioner betyder. Avsikten är istället att ge läsaren en idé om vilken terminologi som används för att beskriva programspråk.

möjliga definitioner av detta objekt, och vi analyserar fördelar och nackdelar med varje definition. Vi presenterar också ett flertal viktiga begrepp i anslutning till grafer.

I den andra delen ("Algoritmer"), behandlar vi begreppet *algoritm*, och vi presenterar begreppet *asymptotisk värstafallskomplexitet* ("asymptotic worst-case complexity" på engelska) vilket är ett mycket användbart begrepp för att bestämma *effektiviteten* hos en algoritm, och för att jämföra två algoritmer med avseende på effektivitet.

I den tredje delen ("Programmering"), förklarar vi varför det är nödvändigt för en programmerare att följa vissa regler för att skriva program, och vi ger en snabb introduktion till programspråket Python. Vi avslutar den här delen med att visa exempel på och analyser av ett urval av program för grafer.

Del I

Grunder

Grunderna för datavetenskap har mycket gemensamt med området *matematik*. Datavetenskap är ett relativt nytt område så det är normalt att låna idéer från andra områden. Framför allt så har *matematisk notation* utvecklats under århundraden och den är nu ett internationellt språk som förstås av samtliga utövare i världen. Så när en datavetare behöver uttala sig precist vad gäller objekten som manipuleras av något datorprogram så är det bra att dra fördel av existerande notation som utvecklats och andvänts av matematiker med mycket gott resultat.

Men det finns några viktiga skillnader mellan datavetenskap och matematik vad beträffar notationen som de två ämnesområdena behöver. Det finns väsentligen två stora skillnader.

För det första så är ofta objekten inom datavetenskap *föränderliga* ("mutable" på engelska) vilket innebär att de kan förändras med tiden, medan matematiska objekt oftast är *oföränderliga* ("immutable" på engelska). När objekt är föränderliga och framför allt när objekten är mycket komplexa så blir *objektidentitet* ett möjligt problem. Inom matematiken är det oftast inget tvivel huruvida två objekt är *samma* objekt eller *olika* objekt, därför att svaret för en matematiker ofta är uppenbart. Med objekt såsom *genom*, *virus*, *sjukdomar*, *språk*, *känslor*, osv, så är objektidentitet inte längre något uppenbart. Även med mera konkreta objekt såsom *böcker* så kan det krångla till sig. Är två exemplar av "Introduktion till Datavetenskap" *samma bok* eller *två olika böcker*? Om de är olika, så att varje exemplar har sin egen identitet så är begrepp såsom "boken som står bredvid den" väldefinierade, medan i det andra fallet så är kräver begreppet "boken som står bredvid den" att vi även ger ytterligare ett objekt som till exempel "bokhylla" för att det skall vara väldefinierat. Men ett begrepp såsom "människor som nyligen läst den" kräver inte att man skiljer på två olika exemplar.

För det andra så är matematisk notation mestadels avsedd att läsas av människor, och människor är toleranta vad gäller ungefärliga meningar språkmissbruk. Således kan matematisk notation vara mindre detaljerad än notationen som krävs av en datavetare och ändå vara helt ändamålsenlig, medan om det finns luckor i notationen som används av en datavetare så kommer datorn antingen att vägra att ta emot den eller också ge fel svar. Ingetdera är acceptabelt. Även om notationen inte är avsedd att direkt läsas av en dator så måste datavetaren vid något senare tillfälle översätta notationen till ett *datorprogram*, och då kommer sådana luckor att skapa svåra problem som måste lösas innan arbetet med datorprogrammet kan fortsätta.

I den här delen av boken så tar vi konsekvenserna av behovet av precision som behandlades här ovan genom att vara så precisa som möjligt vad gäller vår notation. Vissa läsare är kanske ovana vid en sådan precisionsnivå och kan tycka att notationen är mångordig och jobbig, och kanske till och med skrämmande. För att hjälpa läsaren på traven så försöker vi att systematiskt förklara varje begrepp, notation, definition och teorem, inte bara med formell notation ifrån matematiken, men vi undersöker också i detalj vad dessa saker betyder, ofta på flera olika sätt och på ren svenska. Vi försöker även att påpeka anledningen till vissa uttryck och möjliga fällor om man skulle vara frestad att använda dem annorlunda.

Kapitel 2

Graf

I detta kapitel presenterar vi det väsentligaste objektet i den här boken, och detta objekt är en *graf*.

2.1   Objekt och relationer mellan objekt

Bakom begreppet graf ligger en *samling objekt* och en *binär relation* mellan dessa objekt.

En *binär relation* är en *mängd av par* av objekt. Inom matematiken uttrycker man ofta en relation med hjälp av ett *predikat*, som till exempel $<$ for relationen vars namn är *är mindre än* eller $=$ för relationen vars namn är *är lika med*. Inom matematiken karakteriseras dessa relationer av att de tillämpas på ett *oändligt* antal objekt, såsom till exempel alla reella tal. En relation $\mathcal{R}$ är således en möjligen oändlig mängd av par (x, y) för vilka $x\mathcal{R}y$. Mängden som motsvarar predikatet $=$ är således $\{(34.5, 34.5), (1/4, 0.25), \ldots\}$.

Mängden av alla reella tal är inte bara oändlig, den är dessutom inte *uppräkningsbar*[1] Om en mängd inte är uppräkningsbar så innebär det att det är omöjligt att skriva ner objekten i mängden i form av en lista, och då även

---

[1]Mängden av rationella tal är däremot uppräkningsbar. Man kan till exempel skriva ner dem i växande ordning vad beträffar *summan av täljare och nämnare*.

en oändlig lista.

Även om en relation kan innehålla godtyckliga par av objekt, så är det vanligt att en relation är mera *strukturerad* i det att den följer ytterligare *begränsningar* vad beträffar objektparen som den kan innehålla:

- En relation kan vara *symmetrisk*, vilket innebär att om ett par (x, y) är medlem av relationen, så är också paret (y, x) medlem av relationen. Ett exempel på en symmetrisk relation är *pratar ett gemensamt språk*.

- En relation kan vara *antisymmetrisk*, vilket innebär att om ett par (x, y) för vilket $x \neq y$ är medlem av relationen, så är paret (y, x) *inte* medlem av relationen. Ett exempel på en sådan relation är *är äldre än*.

- En relation kan vara *reflexiv*, vilket betyder att för alla objekt x is basmängden för relationen, paret (x, x) är medlem av relationen. Ett exempel på en sådan relation är *är åtminstone lika gammal som*.

- En relation kan vara *irreflexiv*, vilket betyder att för alla objekt x is basmängden för relationen, paret (x, x) är *inte* medlem av relationen. Ett exempel på en sådan relation är *är äldre än*.

- En relation kan vara *transitiv*, vilket innebär att om paren (x, y) och (y, z) båda är medlemmar av relationen, så är också paret (x, z) medlem av relationen. Relationen *är äldre än* är återigen ett exempel på en sådan relation.

Ett flertal andra intressanta begränsningar har namn. Vissa av dem är *kombinationer* av andra begränsningar. Till exempel så kallar man en relation som är reflexiv, symmetrisk och transitiv för en *ekvivalensrelation*.

Inom datavetenskapen är objekten ofta mera konkreta än i traditionell matematik. Det kan röra sig om (datorrepresentationer av) människor, molekyler, elektroniska komponenter, städer eller sändare/mottagare för mobiltelefoni. Ofta är mängder av dessa objekt *ändliga*, eller åtminstone *uppräkningsbara*, vilket avsevärt förenklar operationerna som vi behöver åstadkomma på dessa mängder.

När en mängd av objekt är ändlig så måste även en relation som innehåller *par* av dessa objekt vara ändlig. Med andra ord, om relationen ses som en mängd av par från basmängden, så måste relationen också vara en ändlig mängd. Mera exakt, om den ändliga basmängden innehåller n objekt så kan mängden av par i relationen innehålla som mest n^2 objekt.

Exempel:

1. Basmängden är mängden av alla personer närvarande vid en julmiddag, och relationen är mängden av alla par av personer (p_1, p_2) så att p_1 är en förförälder[2] till p_2. I det här exemplet är relationen inte *symmetrisk*. vilket innebär att om (p_1, p_2) är medlem av relationen, så är det inte nödvändigvis så att (p_2, p_1) också är medlem av relationen. I själva verket så är relationen i det här fallet *antisymmetrisk* vilket innebär att om p_1 är en förförälder till p_2 så kan p_2 inte vara förförälder till p_1, och relationen är också *transitiv* vilket innebär att om p_1 är en förförälder till p_2 och p_2 är en förförälder till p_3, så är också p_1 en förförälder till p_3.

2. Basmängden är mängden av alla personer närvarande vid en julmiddag, och relationen är mängden av alla par av personer (p_1, p_2) så att p_1 är en *förälder* till p_2. I det här fallet är relationen antisymmetrisk men inte transitiv.

3. Basmängden är mängden av alla personer närvarande vid en julmiddag, och relationen är mängden av alla par av personer (p_1, p_2) så att p_1 är *kusin* till p_2. I det här fallet är relationen symmetrisk, för om p_1 är kusin till p_2 så är också p_2 kusin till p_1.

4. Basmängden är mängden av atomer i en molekyl, och relationen är en mängd av par av atomer (a_1, a_2) så att a_1 och a_2 har minst en gemensam elektron. I det här faller är relationen symmetrisk och även reflexiv vilket innebär att en atom har minst en elektron gemensam med sig själv.

5. Basmängden är mängden av elektroniska komponenter i något krets, och relationen är mängden av alla par (k_1, k_2) så att k_1 är direktansluten till k_2.

6. Basmängden är mängden av alla relästationer i ett nätverk för mobil telefonkommunikation, och relationen är mängden av alla par (s_1, s_2) så att det finns en direkt kommunikationslänk (mikrovåg, kabel, fiber, osv) från s_1 till s_2.

---

[2]Ordet "förförälder" är en könsneutral version av ordet "förfader".

I resten av den här boken kommer vi oftast att hålla oss till symmetriska relationer med ändliga basmängder.

2.2   Grafiskt representation av relationer

När en mängd är ändlig (och inte innehåller alltför många objekt) så är det möjligt att representera en relation mellan objekten i mängden som en *ritning* eller en *figur*. En sådan representation är ofta användbar för att människor skall bättre kunna förstå ett problem.

Oftast ritar man objekten i mängden som *cirklar* och paren i relationen ritas som *linjer* eller *kurvor* som sammankopplar cirklarna med varandra.

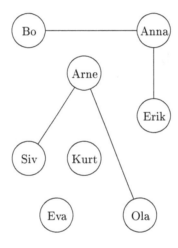

Figur 2.1: Kusiner vid en julmiddag.

Figur 2.1 visar en representation av en graf i vilken objekten är personer vid en julmiddag och relationen är par av personer som är kusiner. I det här exemplet är Bo och Anna kusiner, och likaså Anna och Erik, Arne och Siv och Ola och Arne. Kurt och Eva har inte några kusiner närvarande vid den här julmiddagen.

Observera att en figur såsom Figur 2.1 inte kan uttrycka relationer såsom *förförälder* eller *förälder* som vi gav som exempel i Avsnitt 2.1, helt enkelt för att vi i Figur 2.1 inte kan särskilja de två objekten i ett par. En linjes två ändpunkter är helt lika vad beträffar figuren. Med andra ord kan en sådan figur bara illustrera *symmetriska* relationer. En sådan graf (dvs en graf som nödvändigtvis representerar en symmetrisk relation) kallas en *oriktad graf*. Eftersom relationer såsom *förförälder* och *förälder* inte är symmetriska så kan de inte representeras som en ritning liknande den i Figur 2.1.

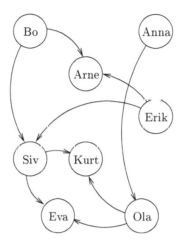

Figur 2.2: Föräldrar vid en julmiddag.

Figur 2.2 visar en representation av en graf vars basmängd återigen är personer vid en julmiddag. Den här gången innehåller relationen alla par (p_1, p_2) så att p_1 är en *förälder* till p_2. För att skilja mellan de två personerna i ett par i relationen så ritar vi en *pil* riktad emot p_1. I det här exemplet är Erik och Bo söner till Siv och Arne, Anna är dotter till Ola (Annas mor är inte närvarande). Eva och Kurt är föräldrar till Siv och Ola, och är således morföräldrar och farföräldrar till Erik, Bo och Anna. En sådan här graf (i vilket relationen inte är symmetrisk) kallas en *riktad graf*.

Figur 2.3 visar en graf som representerar en organisk molekyl. För att illustrera olika typer av atomer har vi ritat objekten i basmängden som cirklar av olika storlek, och vi har markerat dem med motsvarande kemiska beteckning.

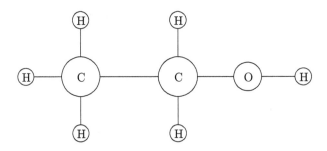

Figur 2.3: En molekyl representerad som en graf.

2.3   Övningar

Övning 2.1. *Rita en* oriktad *graf som representerar medlemmar av din familj (bröder, systrar, morbröder, farbröder, mostrar, fastrar, kusiner, barn, osv) och visa relationen som man kan kalla* "åldersskillnaden är mindre än 10 år".

Övning 2.2. *Rita en* riktad *graf som representerar medlemmar av din familj (bröder, systrar, morbröder, farbröder, mostrar, fastrar, kusiner, barn, osv) och visa relationen som man kan kalla* "är äldre än".

Övning 2.3. *Rita en graf som representerar länen i Sverige och visa relationen* "gränsar till varandra". *Skall grafen vara riktad eller oriktad?*

Övning 2.4. *Rita en graf som representerar de största åarna och älvarna i Sverige, och visa relationen* "flyter genom samma landskap"

Övning 2.5. *Rita en graf som representerar länderna i den Europeiska Unionen, och visa relationen* "har ett gemensamt officiellt språk".

Kapitel 3

Begrepp och notation

I det här kapitlet introducerar vi vissa *begrepp* och viss *notation* som läsaren kanhända inte redan känner till. När vi säger *begrepp*, så menar vi ett *namn* för något fenomen som inte tidigare namngivits. Med *notation* menar vi en eller flera symboler som vi ger en särskild mening.

Ofta kan dessa begrepp och denna notation verka mera komplicerad än de egentligen är. Men vi har flera anledningar att introducera dem:

- Vi undviker att repetera samma långa fras om och om igen varje gång vi vill nämna begreppet.

- Ett begrepp och en notation gör det möjligt att vara mera precis än om vi använder en fras, för fraser är ofta flertydiga.

- Begrepp och notation blir ofta till ett internationellt språk, för de ersätter fraser i specifika naturliga språk med något mycket enklare.

Låt oss titta på ett par exempel som är välkända för de flesta läsare:

1. *Kvadratroten* av ett icke-negativt tal x är ett icke-negativt tal sådant att om det multipliceras med sig själv, så är resultatet precis x. Notationen för detta begrepp är $\sqrt{x}$. Anta att vi vill uttrycka förhållandet $\sqrt{x} =$

$\frac{x}{\sqrt{x}}$, men vi har inte rättighet att använda varken notationen $\sqrt{x}$ eller begreppet *kvadratrot*. Vi erhåller en mening i still med "det icke-negativa talet sådant att om det multipliceras med sig själv ger x, är lika med x dividerat med det icke-negativa talet sådant att om det multipliceras med sig själv ger x".

2. Funktionerna *sin* α och *cos* α definieras med avseende på en enhetscirkel med centrum i origo i ett tvådimensionellt koordinatsystem och en stråle genom origo. För att uttrycka ett förhållande såsom $sin^2\ \alpha + cos^2\ \alpha = 1$ skulle vi behöva en mening så lång att den skulle vara helt omöjlig att förstå.

Att introducera nya begrepp och ny notation är således både normalt och att föredra. I denna boken försöker vi välja våra begrepp och vår notation med stor eftertanke av flera anledningar:

- Vi måste introducera begrepp och notation för objekt som är okända för läsaren, därför att området är nytt (grafer).

- Inom datavetenskap är det vanligt att introducera nya begrepp och ny notation för att användas bara i ett kapitel i en bok eller i en veten-skaplig artikel, medan de flesta begrepp som används inom matematiken är standardiserade sedan länge.

- Inom datavetenskap är det större variation mellan olika begrepp och olika notationer beroende på författaren av boken eller artikeln.

- Inom datavetenskap så är objekten som hanteras mera komplexa och mera konkreta än de objekt som vanligtvis hanteras inom matematik. Det är därför viktigt att välja begreppen med eftertanke så att de avsedda objekten definieras.

När ett nytt begrepp introduceras skulle det var *möjligt* att använda något nonsensord för det, så att istället för att kalla objektet som är fokus i den här boken en *graf*, så skulle vi kunna ha kallat det (till exempel) "flomprack". Denna metod är sällan använd. Istället återanvänder man existerande ord. Det är viktigt att inse att den mening som ordet har i vardagsspråket ofta har mycket lite gemensamt med begreppet som det namnger. Till exempel:

- Order *graf* antyder någon sorts bild eller diagram, men i själva verket som ordet är använt i den här boken, så är det bara två mängder och en funktion.

- Matematiken har en lång tradition att återanvända vanliga ord, så det är viktigt att inse att det inte är något *naturligt* med de naturliga talen, och att de *reella* talen inte är mera reella eller verkliga än de *imaginära* (låtsas) talen.

- Bara för att ordet *enkel* används för att beteckna något begrepp (enkel graf, enkelt omskrivningssystem, osv) så skall man inte förvänta sig att dessa objekt är enkla i den traditionella meningen av ordet.

Läsaren kan antagligen komma på fler exempel där sådana vardagsord används annorlunda inom särskilda områden.

Det kan ta en viss tid att vänja sig vid detta sätt att använda existerande vardagsord på det här sättet, men det är trots allt en viktig målsättning för någon som är intresserad av att studera datavetenskap.

3.1 Begrepp och notation inom mängdläran

Ofta behöver vi använda begreppet *mängd* vilket vi antar att läsaren är bekant med. Men det finns en komplicerande faktor vad gäller mängder inom datavetenskap, nämligen att det är viktigt att precisera *vilken funktion som används för att testa likhet mellan två objekt.*

Anta att objekt a är en Volkswagen Polo registrerad i Sverige med numret CTD 941, att objekt b är en Volkswagen Golf som också är registrerad i Sverige med numret ABC 123, och att objekt c är en Volkswagen Polo registrerad i Norge. Låt oss ta en titt på mängden $S = \{a, b\}$. Är c ett element i denna mängd? Svaret beror på vilken funktion som används för att testa likhet. I en tillämpning som inte behöver skilja på individuella objekt, utan bara modeller, är det rimligt att säga att $a = c$, så att c är ett element i mängden S. Om likhetsfunktionen inte skiljer mellan olika modeller från samma tillverkare så innehåller mängden S i själva verket bara ett enda element.

Vi använder notationen $x \in S$ när vi menar att x är ett element i mängden S. Denna notation preciserar inte vilken likhetsfunktion som används, så den måste preciseras separat, såvida den inte är underförstådd från sammanhanget.

För att prata om *antalet element* i någon mängd S använder vi notationen $|S|$. Antalet element i en mängd heter ibland mängdens *kardinalitet*.

När någon mängd S är en *delmängd* av någon annan mängd T, dvs varje element i S är också ett element i T, så använder vi notationen $S \subseteq T$, och det är då möjligt att $S = T$. Om vi menar att S är en delmängd av T, men att de *inte kan vara samma mängd*, dvs att T innehåller minst ett element som inte är element i S, då använder vi notationen $S \subset T$.

Ofta behöver vi prata om alla möjliga delmängder av en mängd. Till exempel, anta att vi har en mängd som innehåller elementen Anna, Eva och Frank så att $V = \{\text{Anna}, \text{Eva}, \text{Frank}\}$. Vi behöver ett begrepp för att prata om mängden av alla möjliga delmängder av V, dvs mängden av mängderna $\{\}$, $\{\text{Anna}\}$, $\{\text{Eva}\}$, $\{\text{Frank}\}$, $\{\text{Anna}, \text{Eva}\}$, $\{\text{Anna}, \text{Frank}\}$, $\{\text{Eva}, \text{Frank}\}$ och $\{\text{Anna}, \text{Eva}, \text{Frank}\}$. Vi kallar denna mängd *potensmängden* ("powerset" på engelska) av mängden V. och notationen för detta begrepp är $\mathcal{P}(V)$.

Två andra vanliga begrepp är *union* och *snitt*. Unionen av två mängder A och B noteras $A \cup B$, och unionen innehåller alla element i A och alla element i B. Med andra ord så är x ett element i $A \cup B$ om och endast om x är ett element antingen i mängden A *eller* i mängden B (eller i både A och B). Snittet av två mängder A och B noteras $A \cap B$, och snittet innehåller element som är element både i mängden A *och* i mängden B.

Då och då behöver vi en notation för alla element i en mängd förutom några av dem som är *uteslutna*. Detta begrepp kallas *mängdskillnad*. Notationen som betyder "mängden av alla element i mängden A förtutom dem som är element i mängden B" är $A \setminus B$. Om vi vill utesluta ett enda element x från A så skriver vi $A \setminus \{x\}$.

3.2   Funktioner

En funktion är ett matematiskt objekt som, givet ett element i någon mängd, ger ett element i någon annan mängd. Läsaren är antagligen bekant med funktioner som $y = sin\ \alpha$ som givet en vinkel ger en koordinat. Men det är möjligt att definiera funktioner som verkar på andra objekt än tal. Man kan till exempel tänka sig en funktion som, givet en person, ger personens födelsedatum. Vi säger att en funktion *tillämpas* på ett eller flera *invärden* eller *argument*[1] och *tillordnar* ett *utvärde* (eller bara *värde*) för dessa invärden. Vad beträffar funktionen $y = sin\ \alpha$ så är argumentet en vinkel och utvärdet är ett realtal mellan -1 och 1. I det andra exemplet är argumentet en person och utvärdet ett datum.

Mängden av alla möjliga argument till en funktion ϕ kallas funktionens *definitionsmängd* och notationen är $dom(\phi)$. Mängden av alla möjliga utvärden kallas funktionens *värdemängd* eller *bildmängd* och notationen är $ran(\phi)$ (engelska: "range"). Notationen $\phi : dom(\phi) \longrightarrow ran(\phi)$ används ofta. Till exempel för funktionen *sinus*, har vi att $sin : \mathbb{R} \longrightarrow [-1, 1]$.

Ibland är det inte praktiskt att ange värdemängden av en funktion, kanske för att det skulle kräva en fullständig uppräkning av alla värdena. I så fall kan man använda en större mängd av vilken värdemängden är en delmängd som är mera praktisk. En sådan mängd kallas en *målmängd* till funktionen. Ta till exempel funktionen *isqr* som för varje heltal n ger värdet n^2. Värdemängden av funktionen *isqr* är $\{0, 1, 4, 9, \ldots\}$, men vi kan skriva $isqr : \mathbb{Z} \longrightarrow \mathbb{N}$ trots att de flesta elementen i $\mathbb{N}$ inte tillhör värdemängden för funktionen *isqr*. I detta fallet är $\mathbb{N}$ *målmängden* för *isqr*, och den är inte unik.

För att visa *en viss* funktion som kan skrivas med matematisk notation kan vi använda en pil som den här: $\mapsto$ (uttalas "avbildas på"). Till vänster om pilen visar man funktionens *argument* och till höger visar man ett uttryck som bestämmer funktionens värde, givet argumenten. Till exempel, notationen $x, y \mapsto 2x + y^2$ betyder en funktion med två argument som för dessa tillordnar två gånger det första argumentet plus kvadraten på det andra argumentet.

3.3 Terminologi och begrepp från logiken

För att förstå ett teorem eller ett bevis så måste man först förstå vissa begrepp från logiken.

---

[1]Här har vi ytterligare några exempel på vardagsord som har återanvänts.

När vi säger att "A är ett nödvändigt villkor för B", så menar vi att för att B skall vara sant så måste A vara sant. Till exempel, "utgångsdatumet på kreditkortet är i framtiden" är ett nödvändigt villkor för "kreditkortet är giltigt". Med andra ord, för att kreditkortet skall vara giltigt så måste utgångsdatumet vara i framtiden. Ett annat sätt att uttrycka meningen "A är ett nödvändigt villkor för B" är "B medför A", som man skriver $B \Rightarrow A$. Det är inte möjligt att dra slutsatsen att $A \Rightarrow B$. Det är inte bara för att utgångsdatumet är i framtiden som kreditkortet är nödvändigtvis giltigt. Det kan finnas andra villkor för att kortet skall vara giltigt, som till exempel att ingen har spärrat det för det tappats bort eller stulits.

När vi säger att "A är ett tillräckligt villkor för B", så är det samma sak som "A medför B" vilket skrivs $A \Rightarrow B$. Som exempel kan man ta att "Erik bär på ett paraply" är ett tillräckligt villkor för "Erik blir inte våt när det regnar".

Men meningarna "A är ett nödvändigt villkor för B" och "A är ett tillräckligt villkor för B" har också en tolkning förutom den rent logiska. De uttrycker också en målsättning. Målsättningen med båda meningarna är B, och vi använder A for att kontrollera om målsättningen är nådd. I fallet "A är ett nödvändigt villkor för B" så kan vi kontrollera om händelsevis A är falsk, varvid även B måste vara falsk. Så om kortets utgångsdatum är i det förflutna så är kortet inte giltigt. I fallet "A är ett tillräckligt villkor för B" så kan vi kontrollera om händelsevis A är sann, varvid även B måste vara sann. Om Erik bär på ett paraply så blir han inte våt när det regnar. Även om meningen "A är ett nödvändigt villkor för B" är logiskt identisk med meningen "B är ett tillräckligt villkor för A" så är det ovanligt att man använder sig av denna identitet. Vi säger inte "kreditkortet är giltigt" är ett tillräckligt villkor för "utgångsdatumet på kreditkortet är i framtiden", för den meningen uttrycker målsättningen att utgångsdatumet är i framtiden och för att kontrollera detta så kontrollerar vi om kortet är giltigt. På samma sätt så börjar vi inte med att kontrollera om Erik blev våt när det regnade för att avgöra om Erik bär på ett paraply.

Ett annat sätt att uttrycka "A är ett nödvändigt villkor för B" är "B endast om A" som i "kreditkortet är giltigt endast om utgångsdatumet är i framtiden". På samma sätt så kan meningen "A är ett tillräckligt villkor för B" uttryckas som "B om A" som i "Erik blir inte våt när det regnar om han bär på ett paraply". Dessa meningar anger klart vad som är målsättningen. Vi säger inte "Erik bär på ett paraply endast om han inte blir våt när det regnar".

Ofta så är ett villkor (eller en kombination av villkor) A både nödvändigt och tillräckligt för något annat villkor B. I så fall kan vi säga "A om och endast om B". Till exempel: "En storm är en orkan om och endast om den har en styrka på åtminstone 12 på Beaufort-skalan". Den här typen av mening används ofta för att definiera ett nytt begrepp, i det här fallet "orkan". Även om meningen "A om och endast om B" är logiskt identisk med "B om och endast om A" så av samma anledning som ovan så använder man sällan denna identitet. I meningen "A om och endast om B" så är det A som är begreppet som skall definieras.

För att bevisa ett teorem så använder man ofta en teknik som kallas *motsägelse-bevis*. När man använder den tekniken så måste man beräkna negationen av en mening, dvs en mening som betyder precis motsatsen.

För att göra det så måste man veta hur negationen av ett visst antal vanliga logiska meningar ser ut. Givet en mening A så noteras negationen av A som $\neg A$. Negationen av meningen "A endast om B" är "inte B men A" som i "kortets utgångsdatum är i det förgångna men kortet är giltigt". Från en logisk synpunkt så betyder "men" samma sak som "och" så vi kan uttrycka samma sak som "kortets utgångsdatum är i det förgångna och kortet är giltigt". För att inse detta så är det viktigt att komma ihåg att från en logisk synpunkt så är meningen "A endast om B" samma sak som $A \Rightarrow B$ vilket är samma sak som B *eller* $\neg A$. Negationen av B *eller* $\neg A$ är $\neg B$ *och* A.

På samma sätt så kan negationen av meningen "A om B" uttryckas som "B men inte A" som i "Erik bar på ett paraply, men han blev i alla fall våt när det regnade". Från logisk synpunkt så är den meningen samma som B *och* $\neg A$.

Om menigen innehåller en kvantifikator ("quantifier" på engelska) såsom $\forall a\ A$ eller $\exists b\ B$ så är det en aning svårare att beräkna meningens negation. Negationen av meningen $\forall a\ A$ är $\exists a\ \neg A$. Till exempel så kan negationen av meningen "alla primtal är udda" uttryckas som "det finns ett primtal som inte är udda" eller "det finns ett primtal som är jämnt".

Negationen av meningen $\exists b\ B$ är $\forall b\ \neg B$. Till exempel så kan negationen av meningen "det finns en icke-närsynt människa" uttryckas som "alla människor är närsynta".

3.4 Teorem och bevis

Som vi redan påpekat så är datavetenskap ett ungt område med många saker gemensamt med ett annat mycket äldre område, nämligen matematik. Det finns framför allt en sak som de två har gemensamt och som skiljer dem ifrån *vetenskaperna*.[2] Vetenskaperna studerar den *verkliga världen* genom att *observera* den för att sedan tillverka *modeller* som förklarar hur världen fungerar för att göra *prognoser* som slutligen *bekräftas med experiment*. Datavetenskap och matematik har den utmärkande lyxen att kunna skapa sina egna världar. Objekten som studeras inom datavetenskap och matematik är påhittade och lagarna som styr dessa objekt är direkta konsekvenser av hur objekten definieras. Objekten kan emellertid trots detta vara komplexa och kan uppföra sig på överraskande sätt, så de måste fortfarande *observeras*. Man kan även experimentera med dem, men ett experiment kan aldrig vara den slutliga bekräftelsen på en hypotes om objektet. Istället använder vi oss av *teorem* och *bevis* för att bekräfta hypoteser.

Läsaren är kanske redan bekant med teorem och bevis inom matematiken. De presenteras ofta på ett sätt som gör att de verkar icke-uppenbara. Efter att ha studerat ett teorem och ett bevis så har läsaren ofta ett flertal obesvarade frågor såsom:

- Varför är det viktigt att bevisa det här teoremet? Svaret är ofta att beviset behövs senare för att bevisa något som är viktigare, men läsaren måste ofta gissa när så är fallet.

- Hur kom det här beviset till?

- Är detta det bästa sättet, eller kanske det enda sättet att bevisa teoremet? Hur kan jag vara säker på det?

- Vad är det som gör att det här "beviset" är ett riktigt bevis?

Låt oss besvara den sista frågan omedelbart: Ett bevis är ett riktigt bevis när både författaren och läsaren är övertygade om att det är sant. Många sådana

---

[2]Exempel på vetenskaper är naturvetenskaper som fysik och kemi, men även andra vetenskaper som använder den så kallade *vetenskapliga metoden* som till exempel psykologi.

bevis litar åtminstone delvis på naturligt språk, och läsaren brukar fylla i det som saknas. Detta gör det enklare att både skriva och läsa bevis, men tyvärr gör det också mera sannolikt att vissa bevis innehåller fel, och att felen inte märks av läsaren.

Det är vanligt att tro att bevis inom matematik och datavetenskap är ofelbara. Så är inte fallet, och man upptäcker regelbundet felaktiga "bevis" i publicerade artiklar. Typiskt så upptäcker någon ett motexempel för teoremet vilket både visar att "beviset" var felaktigt och samtidigt ger tips om hur teoremet kan göras svagare så att det blir sant.

Teorem och bevis är ännu viktigare inom datavetenskap än inom matematik. En datavetare använder teorem och bevis för att *övertyga sig själv* att ett visst datorprogram verkligen fungerar. Utan dessa verktyg så kommer datavetaren alltid ha ett gnagande tvivel om programmet verkligen fungerar. Ibland är det till och med så att programmet *inte* fungerar, och då kan konsekvenserna ibland vara katastrofala som när programmet styr ett kärnkraftverk eller ett flygande passagerarplan.

Den här boken innehåller några teorem och bevis. Vi försöker se till att läsaren förstår varför dessa teorem och bevis finns och vi försöker se till att läsaren har en aning om hur dessa teorem och bevis kom till.

Det finns bara ett fåtal *bevismönster*; dvs bevis faller inom vissa *kategorier*, och alla bevis inom en kategori är likartade i det att de har samma grundläggande struktur. I den här boken använder vi bara två sådana mönster. Det ena sådana mönstret kallas för *induktionsbevis* och det andra kallas för *motsägelsebevis*. I det här avsnittet beskriver vi båda dessa mönster och visar exempel på teorem som låter sig bevisas med varje bevismönster.

3.4.1 Induktionsbevis

Vi börjar med *induktionsbevis* och med ett teorem som läsaren sannolikt redan sett. Teoremet ger oss en formel för *aritmetisk serie*, dvs en summa av tal i vilket två på varandra följande tal har samma *skillnad*.

För att få läsaren att förstå hur ett sådant bevis kan uppstå så kommer vi att utveckla beviset på samma sätt som en matematiker skulle göra det.

Det finns en anekdot om den kände matematikern Carl Friedrich Gauss som påstår att när han var ung så gav hans lärare som straff att beräkna summan av heltalen från 1 till 100. Den unge Gauss sägs ha hittat svaret inom ett par sekunder.

Låt oss försöka följa hur unge Gauss kan ha resonerat, och sedan generalisera hans resonemang till ett teorem och ett bevis.

Om man ber oss beräkna värdet på summan $s = 1 + 2 + \ldots + 100$ så kanske vi inser att om vi tar $1 + 100$, sedan $2 + 99$, osv, så har varje sådan summa samma värde, nämligen 101. Vi har således att $s = (1+100)+(2+99)+\ldots+(50+51)$, eller $s = 101 + 101 + \ldots + 101$. Hur många sådana termer har vi? Vi har tur för i den ursprungliga summan så fanns det ett jämnt antal (100) termer, så när vi grupperar dem två och två så får vi hälften så många; i det här fallet 50. Svaret är således att $s = 101 \cdot 50 = 5050$. Så här långt är allt väl.

En matematiker som ser detta resultat kommer förmodligen omedelbart att fundera på vad svaret blir om man istället ber oss beräkna $s = 1+2+\ldots+102$, eller kanske till och med $s = 1+2+\ldots+n$ för ett godtyckligt *jämnt* värde på n. Denna beräkning är inte svår. Vi kan använda samma metod som tidigare. Det är uppenbart att varje individuell term blir $1 + n$, $2 + (n - 1)$, osv så att varje term har värdet $1+n$. Hur många termer finns det? Svaret är $n/2$ för vi parade upp de ursprungliga termerna. Det verkar således som om $s = 1+2+\ldots+n = n(n + 1)/2$ för varje jämnt värde på n.

Det första vi måste göra nu är att *testa* vår hypotes. Vi vet redan att $1 + 2 + \ldots + 100 = 5050$ så det måste vara fallet att $n(n + 1)/2 = 5050$ när $n = 100$, och om inte så har vi gjort ett fel någonstans. Lyckligtvis så stämmer detta och vi känner oss aningen mera säkra på oss själv. Nuförtiden, som datavetare skulle vi antagligen använda en metod som unge Gauss inte hade tillgång till: vi skriver ett datorprogram som givet ett tal n beräknar två saker, nämligen summan $s = 1 + 2 + \ldots + n$ och $n(n + 1)/2$ och som sedan jämför de två. Vi kör sedan programmet för ett stort antal olika värden på n, till exempel $n = 2, 4, 6, \ldots, 10000$. Om programmet visar samma värde för de två uttrycken så ökar åter vår övertygelse om att vi är på rätt spår.

Nästa steg kan vara ett försöka se vad som händer om n är *udda*. Låt oss börja med $n = 99$. Vi får nu $(1+99)+(2+98)+\ldots+(49+51)+50$. Det ser ut som om vi får 49 termer vars värde är 100 och en term med värdet 50. Om vi generaliserar så gissar vi att $1 + 2 + \ldots + n = (n-1)/2 \cdot (n+1) + (n+1)/2$. Med elementär algebra kan vi förenkla detta uttrycket så att $(n-1)/2 \cdot (n+1) + (n+1)/2 = (n+1)(n-1+1)/2 = n(n+1)/2$. Heureka! Det ser ut som om vi får samma resultat oberoende om n är jämnt eller udda. Vi kan snabbt generalisera vårt datorprogram för att testa även udda tal, och vår övertygelse ökar igen.

Nu är vi så övertygade att vi kan börja fundera på ett teorem:

Teorem 3.1. $\forall n \in \mathbb{N}, \sum_{i=1}^{n} i = n(n+1)/2$

Vi har på känn att Teorem 3.1 är sant, och vi har testat det för många värden på n, men hur kan vi vara *säkra*? Tricket är följande:

1. Visa att teoremet är sant för ett eller ett par små värden på n.

2. Visa att OM teoremet är sant för $n = 1, n = 2, \ldots, n = a$ för ett GOD-TYCKLIGT värde på a (vi säger inte att det ÄR sant, bara "OM SÅ RÅKAR VARA FALLET"), DÅ är det OCKSÅ sant för $n = a + 1$.

Om vi lyckas med dessa två saker så kan vi använda nummer 1 för att visa att teoremet är sant för (till exempel) $n = 1$. Sedan kan vi använda nummer 2 för att visa att teoremet också är sant för $n = 2$. Vi kan sedan använda nummer 2 igen för att visa att det också är sant för $n = 3$, osv.

Matematiker blev övertygade för längesedan att den här typen av resonemang är giltigt, så det är alltid möjligt att använda det. Den här typen av resonemang kallas för *matematisk induktion*, och ett bevis som använder den typen av resonemang kallas för ett *induktionsbevis*.

Låt oss nu se hur vi kan tillämpa allt detta på Teorem 3.1. Teoremet är självklart sant för $n = 1$. Anta att det är sant för $n = 1, n = 2, \ldots n = a$. Är det då också sant för $n = a + 1$? För att förenkla en aning, låt oss säga att $b = a + 1$. Om vi har en summa såsom $\sum_{i=1}^{b} i$ så kan vi skriva den som $\sum_{i=1}^{a+1} i$ vilket är samma sak som $\sum_{i=1}^{a} i + (a + 1)$. Men vi har antagit att $\sum_{i=1}^{a} i = a(a+1)/2$ så att $\sum_{i=1}^{b} i = \sum_{i=1}^{a} i + (a+1) = a(a+1)/2 + (a+1)$ vilket kan förenklas som $a^2/2 + a/2 + a + 1 = a^2/2 + 3a/2 + 1$. Vi hoppas att detta visar sig vara samma sak som $b(b+1)/2$. Men $b = a + 1$ så $b(b+1)/2 = (a+1)(a+2)/2$ vilket är $a^2/2 + 3a/2 + 1$. Heureka igen!

Mera formellt skulle ett induktionsbevis för Teorem 3.1 skrivas så här:

Bevis. (av Teorem 3.1)

(bas) Teoremet är trivialt sant för $n = 1$.

(induktionshypotes) Anta att $\sum_{i=1}^{n} i = n(n+1)/2$ för varje $n \in \mathbb{N}$ för vilket $n \leq k$.

(induktion) Vi visar att $\sum_{i=1}^{n} i = n(n+1)/2$ för $n = (k+1)$ som följer: $\sum_{i=1}^{(k+1)} i = \sum_{i=1}^{k} i + (k+1)$. Enligt induktionshypotesen $\sum_{i=1}^{k} i = k(k+1)/2$. Således $\sum_{i=1}^{(k+1)} i = \sum_{i=1}^{k} i + (k+1) = k(k+1)/2 + (k+1) = k(k+1)/2 + 2(k+1)/2 = (k(k+1) + 2(k+1))/2 = (k+2)(k+1)/2 = (k+1)(k+2)/2$. Det följer att $\sum_{i=1}^{n} i = n(n+1)/2$ för $n = (k+1)$. $\qquad\square$

Det svåraste med ett induktionsbevis är att hitta en storhet som induktionen kan baseras på. I beviset ovan så var induktionen baserad på n, dvs den sista termen i summan. När teoremen handlar om heltal så är det ofta relativt enkelt att hitta en sådan storhet. När teoremen behandlar mera komplexa objekt såsom grafer så kan det vara en aning svårare. Ofta måste man använda någon storhet som till exempel objektets *storlek*. För en graf kan det handla om antalet hörn eller antalet kanter, eller kanske summan av de båda.

En mindre svårighet är att hitta värdet för storheten i basfallet. Det anses vara mera elegant att använda ett litet värde och det anses oestetiskt att använda ett värde som är större än vad som behövs, speciellt om det komplicerar kontrollen av basfallet.

3.4.2   Motsägelsebevis

Den andra typen av bevis som används i den här boken kallas för *motsägelse-bevis*. Den typen av bevis används ofta för att bevisa teorem som har formen $A \Rightarrow B$.

Beviset fungerar så att man antar *motsatsen* av det som man vill bevisa, och sedan visar man med en följd av logiska steg att man erhåller ett motsägelse. Matematiker är sedan länge övertygade att om man erhåller en logisk mot-sägelse så är den något fel i förutsättningarna. I ett motsägelsebevis så innebär detta att antagandet måste vara falskt. Eftersom antagandet var motsatsen av vad som skulle bevisas så måste det som skulle bevisas vara sant.

Om teoremet har formen $A \Rightarrow B$ så är det som vi sett i Avsnitt 3.3 logiskt samma sak som *B eller* $\neg A$. Negationen av *B eller* $\neg A$ är $\neg B$ *och A*.

Kanske är följande bevis det mest kända motsägelsebeviset:

Teorem 3.2. $\sqrt{2}$ *är inte ett rationellt tal.*

Låt oss se om vi kan uttrycka det här teoremet med formen $A \Rightarrow B$. För att göra det så måste vi först förstå vad meningen "det positiva talet x är rationellt". Matematiskt så betyder det $\exists a, b \in \mathbb{N}$ så att $x = a/b$. Således betyder "det positiva talet x är INTE rationellt" $\nexists a, b \in \mathbb{N}$ så att $x = a/b$.

Vi kan nu uttrycka "$\sqrt{2}$ är inte ett rationellt tal" som "$x^2 = 2 \Rightarrow \nexists a, b \in \mathbb{N}$ så att $x = a/b$". För att få till ett motsägelsebevis så måste vi nu negera den meningen. Vi erhåller då "$\sqrt{2}$ är ett rationellt tal" vilket ger "$x^2 = 2$ *och* $\exists a, b \in \mathbb{N}$ så att $x = a/b$". Vi kan också inse detta genom att använda vad som sades i Avsnitt 3.3, så att vi behöver erhålla "$\neg B$ *och A*" där B är "$\nexists a, b \in \mathbb{N}$ så att $x = a/b$". Beviset nedan visar att denna meningen leder till en motsägelse.

Förutom att negera logiska fraser och att härleda en motsägelse från dem så är det givetvis så att varje bevis använder någon kunskap som är specifik för ämnesområdet i fråga (i det här fallet naturliga tal). Den största svårigheten med att hitta ett bevis för ett teorem är att hitta exakt de ämnesspecifika kunskaper som är nödvändiga för att få till en motsägelse.

Här är ett formellt bevis av Teorem 3.2:

Bevis. (för Teorem 3.2)

Anta att $\sqrt{2}$ är ett rationellt tal. Då kan det uttryckas som $\sqrt{2} = a/b$ med $a, b \in \mathbb{N}$. Vi kan välja a och b så att de inte har några gemensamma faktorer. Om de råkar ha en gemensam faktor (till exempel f) så kan vi dividera med f så att vi erhåller $a' = a/f$ och $b' = b/f$, och vi kan då använda oss av a'/b' istället för a/b, och vi kan fortsätta att dividera tills de två talen inte har några gemensamma faktorer. Nästa steg är att beräkna kvadraten på båda sidorna av ekvationen, vilket ger os $2 = a^2/b^2$ och sedan $a^2 = 2b^2$. Detta betyder att a^2 är jämnt och sådles att också a är jämnt. Vi kan därför uttrycka a som $2c$ där $c \in \mathbb{N}$. Eftersom $a^2 = 2b^2$ så har vi också att $(2c)^2 = 2b^2$ eller $4c^2 = 2b^2$ och sedan $2c^2 = b^2$. Detta betyder att även b^2 är jämnt och sådles även b. Men nu har vi att både a och b är jämna tal, så de har en faktor 2 gemensamt. Men eftersom vi såg till att a och b inte hade några gemensamma faktorer så har vi nu en motsägelse. Det måste således vara på det viset att vårt antagande var falskt, dvs att $\sqrt{2}$ är ett rationellt tal. Således är $\sqrt{2}$ *inte* ett rationellt tal. □

Beviset ovan använder sig av vissa kunskaper som är specifika för ämnesområdet i fråga:

- Det är alltid möjligt att erhålla en *kanonisk* form för ett rationellt tal a/b så att a och b inte har några gemensamma faktorer.

- Om kvadraten på ett naturligt tal n är jämn så är också n jämnt.

3.5 Övningar

Övning 3.1. *Uttryck förhållandet $sin^2 \alpha + cos^2 \alpha = 1$ utan att använda namnet på funktionerna sin och cos.*

Övning 3.2. *Givet mängden {Linux, Windows, MacOS}. Vad är dess potensmängd?*

Övning 3.3. *Vad är kardinaliteten på potensmängden av en mängd med n element?*

Övning 3.4. *Vad är definitionsmängden för funktionen $x \mapsto 1/x$?*

Övning 3.5. *Vad är definitionsmängden för funktionen $\alpha \mapsto sin\ \alpha$? Vad är dess värdemängd? Kan man tänka sig flera olika svar på frågan? Vilka, i så fall?*

Övning 3.6. *Vad är definitionsmängden för funktionen "hur många hjul"? Kan man tänka sig flera möjligheter?*

Övning 3.7. *Om definitionsmängden för funktionen "antal kommuner" är mängden av län i Sverige, vad är dess värdemängd?*

Kapitel 4

Definitioner av en graf

I det här kapitlet tar vi en titt på olika möjliga definitioner av en graf. Att välja rätt definition för en tillämpning är viktigt, för tillämpningens användbarhet kan bero på det.

4.1 Huvuddefinition

Här är den definitionen som vi oftast använder i resten av boken:

Definition 4.1. *En graf är en trippel* (V, E, ϕ)*, där V är en mängd av element som vi kallar* hörn*, E är en mängd av element som vi kallar* kanter*, och ϕ är en funktion $\phi : E \longrightarrow \mathcal{P}(V)$ så att $\forall e \in E, |\phi(e)| \in \{1, 2\}$.*

Låt oss undersöka i detalj vad Definition 4.1 betyder.

Först och främst så säger Definition 4.1 att en graf är en *trippel*, det vill säga en ordnad mängd med exakt tre element. Detta betyder att namnen V, E och ϕ har ingen betydelse. Namnen finns till bara så att man kan nämna dem senare i definitionen. Så när vi säger att "en graf är en trippel", så menar vi bara att "en graf är ett objekt med tre ordnade komponenter".

Resten av Definition 4.1 förklarar detaljerna av varje komponent av trippeln.

39

Vad beträffar förklaringen av den *första* komponenten i trippeln så ger oss Definition 4.1 tämligen lite information. Man förklarar för oss att det är en *mängd*, och man råder oss att om någon någonsin använder en mening såsom "hörnen av G", så menar de objekten i mängden som är den första komponenten av G. Men i övrigt så ger oss Definition 4.1 stor frihet vad beträffar typen av objekt som dessa hörn kan vara, för definitionen ger oss inga som helst begränsningar.

Med den *andra* komponenten i trippeln så är situationen densamma som för den första komponenten. Återigen så ger oss Definition 4.1 väldigt lite information. Liksom den första komponenten så är den andra komponenten också en *mängd*. Den enda skillnaden mellan den första och den andra komponenten är att man råder oss att om någon någonsin använder en mening i stil med "kanterna av G", så menar de medlemmarna i mängden som är den andra komponenten av G.

Nästan all information i Definition 4.1 finns i förklaringen till den *tredje* komponenten av trippeln. Definition 4.1 säger att den här komponenten är en *funktion*.

Notationen $\phi : E \longrightarrow \ldots$ säger att funktionens *definitionsmängd* (Se Avsnitt 3.2.) är trippelns andra komponent, vad den nu kan tänkas innehålla. Med andra ord så måste funktionen i den tredje komponenten av trippeln vara en funktion som tar ett enda argument, och argumentet måste vara en medlem av mängden i den andra komponenten, dvs det måste vara en *kant*.

Definition 4.1 innehåller också information om *målmängden* (Se Avsnitt 3.2.) hos funktionen i den tredje komponenten av trippeln. Notationen $\phi : \ldots \longrightarrow \mathcal{P}(V)$ betyder att "målmängden av funktionen är potensmängden till mängden i den första komponenten av trippeln" (begreppet *potensmängd* förklaras i Avsnitt 3.1). Detta betyder att värdet som funktionen i den tredje komponenten ger är en mängd, och den mängden innehåller objekt som också är medlemmar av den första komponenten av trippeln. Om vi använder ordet "hörn" för objekten i den första komponenten så kan vi säga att "funktionens värde är en mängd av hörn".

Slutligen så ger oss Definition 4.1 en *begränsning* vad beträffar mängderna som funktionen ger. Den säger att $\forall e \in E, |\phi(e)| \in \{1, 2\}$. Vi kan översätta den här formeln till "oberoende av vilket (giltigt) argument man ger till funktionen i den tredje komponenten av trippeln, så innehåller mängden som funktionen ger antingen ett eller två element". Om vi använder orden "hörn" och "kant" så kan vi säga att "funktionen tar en kant och ger ett eller två hörn". Om den ger ett enda hörn så kallar vi kanten för en *ögla*.

Om vi känner till namnen på komponenterna hos en graf, som när vi säger "givet en graf $G = (V, E, \phi)$", så använder vi komponenternas namn för referens såsom V när vi menar "Gs hörn", E när vi menar "Gs kanter", och ϕ när vi menar "funktionen i den tredje komponenten i G". Om vi *inte* känner till komponenternas namn, som när vi säger "givet en graf G", så använder vi notationen $V(G)$ när vi menar "Gs hörn", $E(G)$ när vi menar "Gs kanter", och $\phi(G)$ när vi menar "funktionen i den tredje komponenten i G".

4.2 Konsekvenser av huvuddefinitionen

Läsaren har säkert redan sett sambandet mellan (å ena sidan) hörnen och kanterna i Definition 4.1, och (å andra sidan) cirklarna och linjesegmenten i Figur 2.1 i Kapitel 2. Men innan vi konstaterar detta samband kan det vara fördelaktigt att övertyga oss själva att objekten som omnämnts i Definition 4.1 kan vara vilka somhelst, och inte bara cirklar och linjesegment.

Ta till exempel följande objekt:
$(\{1, 2, 3, 4, 6, 9\}, \{1, 2, 3\}, x \mapsto \{2x, x^2\})$.

Låt oss kontrollera att det här objektet verkligen är en graf enligt Definition 4.1. Objektet är uppenbart en trippel. Lika uppenbart är att den första och andra komponenten båda är mängder. Läsaren tycker kanske det är förvånande att elementen i båda dessa mängder är positiva heltal, men det finns inget i Definition 4.1 som förhindrar detta. Allt som Definition 4.1 gör är att råda oss att kalla 1, 2, 3, 4, 6 och 9 *hörn* och att kalla 1, 2 och 3 *kanter*. Det faktum att 1 och 2 är både hörn och kanter är inte heller problematiskt, för det finns inget i Definition 4.1 som kräver att snittet av mängderna skall vara den tomma mängden.

Nu när vi har övertygat oss själv att den första och den andra komponenten av exemplet överensstämmer med Definition 4.1 så är det tid att undersöka den tredje komponenten, dvs *funktionen*. Notationen $x \mapsto \{2x, x^2\}$ betyder att för ett argument x till funktionen, så är värdet som erhålls en mängd som innehåller talen $2x$ och x^2. Således är värdet en mängd vilket krävs av Definition 4.1, och mängden innehåller antingen 2 element (om $2x$ och x^2 är olika) eller 1 element (om $2x$ och x^2 är lika). Allt väl så här långt. Nu återstår bara att kontrollera att funktionens möjliga värden (dvs dess *målmängd*, se Avsnitt 3.2) verkligen är medlemmar av den första komponenten i trippeln. Den enda möjliga metoden är att räkna upp värdet av funktionen för varje argument: $1 \mapsto \{2,1\}$, $2 \mapsto \{4,4\} = \{4\}$ och $3 \mapsto \{6,9\}$. Vi kan snabbt kontrollera att 2, 1, 4, 6 och 9 alla är medlemmar av den första komponenten i trippeln.

Vi kan således konstatera att $(\{1,2,3,4,6,9\}, \{1,2,3\}, x \mapsto \{2x, x^2\})$ verkligen är en graf enligt Definition 4.1.

Här ovan har vi sett att Definition 4.1 ger oss stor frihet vad beträffar objekten som en graf består av. Men vi kommer framför allt att använda grafer för att representera relationer mellan mera konkreta objekt.

I själva verket så karakteriseras graferna som datavetare oftast hanterar av följande egenskaper:

- Mängden av hörn är ändlig.

- Mängden av kanter är ändlig.

- Mängden av hörn och mängden av kanter har inga gemensamma element.

- Hörnen representerar verkliga objekt såsom människor, bilar och städer, eller mera abstrakta objekt såsom känslor och sjukdomar.

- Kanterna representerar verkliga relationer mellan hörnen såsom *"är kusiner"*, *"har nästan samma bensinkonsumtion"*, *"har direktflyg mellan dem"* eller *"har minst ett gemensamt symptom"*.

- Funktionen ϕ kan inte uttryckas som en enkel formel, utan kan bara uttryckas genom en total uppräkning av värdet för varje argument.

När dessa egenskaper uppfylls, och när dessutom mängden av hörn och mängden av kanter innehåller relativt få objekt, så kan grafen illustreras som en *ritning* eller en *figur*. som Figur 2.3 visar så kan ytterligare information presenteras i figuren, och denna information kan förbättra presentationen.

4.3 Förhållande till ett program

Man vill ofta ha en mera konkret tolkning av definitionen av något objekt, som i det här fallet en *graf*, och inom datavetenskapen då i form av ett datorprogram. Definition 4.1 kan tolkas så här:

> I ett program som hanterar grafer, givet ett objekt av typen *graf* så kan vi erhålla grafens hörn och grafens kanter. Vidare, givet en kant i grafen så kan vi erhålla hörnen (eller hörnet, om kanten är en ögla) som kanten förbinder genom att tillämpa funktionen ϕ på kanten.

Vi antar att dessa operationer, som vi kallar *primitiva operationer* kan utföras mycket snabbt, dvs att tiden det tar för en dator att utföra dem är kort. Mängden av primitiva operationer som är möjliga på något objekt kallas ofta en *abstrakt datatyp*. Senare i boken kommer vi att undersöka hur man kan skriva program genom att använda abstrakta datatyper. För tillfället nöjer vi oss med att konstatera att vissa operationer är enkla (dvs snabba) och andra är svåra (dvs långsamma) beroende på vilken abstrakt datatyp som används. Till exempel så är det med Definition 4.1 enkelt att ta reda på antalet kanter i en graf, men det är svårt att hitta alla kanter som berör ett visst hörn.

4.4 Alternativ definition

Det finns andra sätt att definiera en graf. Definition 4.2 är ett exempel.

Definition 4.2. *(Detta är inte den definition som vi använder senare i boken.) En* graf *är en trippel* (V, E, ψ), *där* V *är en mängd av element som vi kallar* hörn, E *är en mängd av element som vi kallar* kanter, *och* ψ *är en funktion* $\psi : V \longrightarrow \mathcal{P}(E)$ *så att* $\forall e \in E, |\{v \in V, \ e \in \psi(v)\}| \in \{1, 2\}$.

Emedan Definition 4.2 är samma som Definition 4.1 i det att de definierar exakt samma objekt, så är spelar funktionen ψ en helt annan roll än funktionen ϕ i Definition 4.1. I Definition 4.2 är definitionsmängden av funktionen ψ mängden av *hörn* och målmängden potensmängden mängden av *kanter*. Givet ett hörn v

så ger funktionen ψ mängden av kanter som berör v. Begränsningen av antalet element i mängden garanterar att en kant berör antingen ett enda (om det är en ögla) eller exakt två hörn.

I den andra delen av den här boken visar vi hur man översätter Definition 4.1 och Definition 4.2 till *abstrakta datatyper*.

4.5 Övningar

Övning 4.1. *Övertyga dig själv att följande objekt är en graf enligt Definition 4.1:* $(\mathbb{R}, \mathbb{N}, x \mapsto \{e^x, \sin x\})$.

Kapitel 5

Några egenskaper hos grafer

I det här kapitlet undersöker vi några användbara egenskaper hos grafer. Dessa egenskaper är direkt användbara för att skapa algoritmer och program som hanterar grafer.

Innan vi behandlar dessa egenskaper så introducerar vi ytterligare några begrepp för att förenkla förklaringarna som följer.

5.1 Ytterligare begrepp

Vi börjar med att definiera begreppet *beröring*:

Definition 5.1. *Låt $G = (V, E, \phi)$ vara en graf. Ett hörn $v \in V$ och en kant $e \in E$ berör varandra om och endast om $v \in \phi(e)$.*

Förutom att säga att "ett hörn v och en kant e *berör varandra*" så kommer vi även att använda meningar som "*v berör e*" och "*e berör v*", med vilka vi menar samma sak.

När en graf illustreras i form av en figur så är hörnen typiskt ritade som cirklar, och en kant som berör hörnet ritas då som en linje eller en kurva som har en slutpunkt på cirkelns periferi. En kant som också är en ögla ritas som en kurva med båda slutpunkterna på cirkelns periferi.

45

Definition 5.2. *Låt* $G = (V, E, \phi)$ *vara en graf. Ett hörn* $v \in V$ *sägs vara isolerat* om och endast om $\forall e \in E, v \notin \phi(e)$.

Med andra ord så är ett hörn isolerat om ingen kant berör det.

Att annat användbart begrepp som används i grafteori är begreppet *granne* och som kan användas om två hörn eller om två kanter.

Två *hörn* sägs vara *grannar* om de har en gemensam kant. Mera formellt:

Definition 5.3. *Låt* $G = (V, E, \phi)$ *vara en graf. Två hörn* $v_1, v_2 \in V$ *sägs vara* grannar *om och endast om* $\exists e \in E$ *så att* $\phi(e) = \{v_1, v_2\}$.

Observera att ett hörn v är bara granne med sig självt om det finns en ögla som berör v.

Två *kanter* sägs vara *grannar* om de har ett gemensamt hörn. Mera formellt:

Definition 5.4. *Låt* $G = (V, E, \phi)$ *vara en graf. Två kanter* $e_1, e_2 \in E$ *sägs vara* grannar *om och endast om* $\phi(e_1) \cap \phi(e_2) \neq \emptyset$.

5.2   Grad

Begreppet *grad* är en egenskap hos hörn, och det motsvarar nästan antalet kanter som berör hörnet. Men öglor komplicerar saker och ting en aning, så vi måste vara försiktiga så att vi hittar en acceptabel definition.

För klarhet skull så definierar vi först ett begrepp vars enda avsikt är att göra det lättare att definiera begreppet grad senare. Vi kallar detta begrepp *bidraget* från en kant till ett hörn.

Definition 5.5. *Låt* $G = (V, E, \phi)$ *vara en graf. Låt* $v \in V$ *och* $e \in E$. *Bidraget i* G *från* e *till* v, *noterat* $c_G(e, v)$ *definieras som* $c_G(e, v) = 0$ *om* $v \notin \phi(e)$, $c_G(e, v) = 2$ *om* $\phi(e) = \{v\}$, *och* $c_G(e, v) = 1$ *annars.*

Vad Definition 5.5 uttrycker är att närhelst ett hörn v och en kant e berör varandra (Se Definition 5.1.) så bidrar e men något positivt värde till v, och om e är en ögla så är bidraget 2, medan bidraget är 1 om e inte är en ögla.

Med andra ord, varje kant bidrar 2 enheter *någonstans*. Om kanten är en ögla så bidrar den båda enheterna till hörnet som den berör. Om kanten inte är en ögla så bidrar den 1 enhet till var och en av de två hörn som den berör.

Definition 5.6. *Låt $G = (V, E, \phi)$ vara en graf. Vi definierar* graden *i en graf G hos ett hörn $v \in V$, noterat $d_G(v)$ som $d_G(v) = \sum_{e \in E} c_G(c, v)$.*

Innan vi förtsätter, låt oss undersöka mera i detalj vad Definition 5.6 betyder. Först och främst så säger Definition 5.6 att graden av ett hörn är summan av *bidragen* av varje kant i grafen till hörnet. Givet definitionen av *bidrag* (Se Definition 5.5.) så är det bara kanter som berör hörnet som bidrar något värde annat än noll. Bland kanter som berör den så bidrar öglor med 2 enheter och andra kanter med 1 enhet. Intuitivt så är graden alltså samma som antal linjeändar och kurvändar som ritas i anslutning till hörnet när grafen representeras som en ritning som i Figur 5.1.

Således, i grafen G i Figur 5.1, har vi $d_G(A) = 1$, $d_G(B) = 3$, $d_G(C) = 4$, $d_G(D) = 2$, $d_G(E) = 0$, $d_G(F) = 2$.

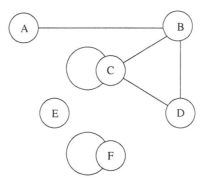

Figur 5.1: Begreppet *grad*.

Vid det här laget är det kanske så att läsaren rätteligen frågar sig varför vi använder notationen $c_G(e, v)$ istället för bara $c(e, v)$ och $d_G(v)$ istället för bara $d(v)$. Anledningen är att två grafer kan ha somliga kanter och somliga hörn gemensamt. Det är således möjligt att vissa hörn har en viss grad i en graf G och en annan grad i en graf G'.

Till exempel, låt $G = (\{A, B, C\}, \{a\}, \phi_G)$, med $\phi_G(a) = \{A, B\}$ och $G' =$

$(\{A, B, C\}, \{a, b\}, \phi_{G'})$, med $\phi_{G'}(a) = \{A, B\}$ och $\phi_{G'}(b) = \{A, C\}$. Då har vi att $d_G(A) = 1$ och $d_{G'}(A) = 2$.

Figur 5.2 illustrerar den här situationen. Figur 5.2 visar uppenbart också begränsningen hos ritningar när det gäller att illustrera abstrakta begrepp såsom grafer. Fundera till exempel på hur grafen i Figur 5.2 skulle se ut om $\phi_{G'}(a) = \{B, C\}$ istället för $\phi_{G'}(a) = \phi_G(a) = \{A, B\}$. (Se även Övning 5.3.)

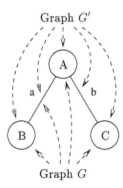

Figur 5.2: Två olika grader för samma hörn.

Vi är nu redo att attackera vårt första teorem, som visar sambandet mellan graderna hos hörnen i en graf och antalen kanter i samma graf. Här är det:

Teorem 5.1. *Givet en graf* $G = (V, E, \phi)$, $\sum_{v \in V} d_G(v) = 2|E|$.

Teorem 5.1 säger oss att om vi beräknar graden av varje hörn i G och adderar dessa grader så får vi samma värde som om vi multiplicerar antalet kanter i G med 2.

Det är möjligt att teorem 5.1 är uppenbart för läsaren. Det är helt klart fallet att varje kant bidrar två enheter till några hörn, kanske till ett enda om kanten är en ögla. Men det faktum att det verkar uppenbart är inte tillräckligt för att tro på att det är sant. Det är faktiskt ofta så att vårt naturliga språk bedrar oss med ett flertal oklara ord och fraser.[1] Vi måste således hitta en mera formell metod så att vi är mera säkra på att det är sant. Denna metod är ett *matematiskt bevis*, och i det här fallet kommer vi att använda ett *induktionsbevis*. (Se Avsnitt 3.4.1.)

---

[1]Oklara ord och fraser ger arbete till ett stort antal personer, nämligen *politiker*.

Det visar sig att beviset för Teorem 5.1 är en aning komplicerat, framförallt för att vi vill vara så precisa som möjligt. När bevis är komplicerade så bryter man ner dem i mindre bitar som man kallar för *lemmor*. Ett lemma är precis som ett teorem, förutom att det inte har något speciell användning annat än att förenkla det bevis som det var skapat för. Det måste bevisas precis som ett teorem.

För att bevisa Teorem 5.1 så behöver vi ett enda lemma. Vi behöver det för vi vill uttrycka vad som händer med summan av graderna hos hörnen i en graf som vi skulle ta bort en kant från grafen. Intuitivt, eftersom varje kant bidrar 2 enheter, antingen båda till ett enda hörn eller en enhet till vart och ett av två hörn, om man tar bort en kant från en graf så kommer summan av graderna att minska med exakt 2 enheter. Men det är "intuitivt", och nu vill vi undersöka hur man kan visa det mera formellt.

För att illustrera lemmat, låt oss igen ta grafen G i Figur 5.1, och låt oss igen ta grafen G' som är precis som G förutom att en kant mellan hörnen C och D har tagits bort. Låt oss kalla den borttagna kanten f. Vi har således situationen som visas i Figur 5.3.

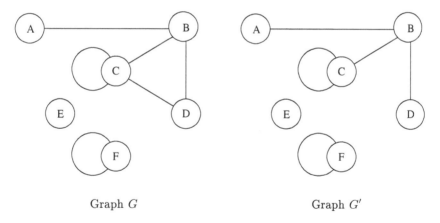

Graph G Graph G'

Figur 5.3: Illustration av lemma.

Var vi kommer att göra i lemmat är att titta på 4 olika *vyer*, var och en med en delmängd av hörnen och kanterna i G och G'. För varje vy, beräknar vi bidraget från kanterna till hörnen i vyn. Slutligen måste vi övertyga oss själv att de 3 vyerna i helhet täcker graferna.

I den första vyn, som illustreras i Figur 5.4 så tar vi bort f tillsammans med hörnen som f berör, dvs ϕf Som Figur 5.4 klart visar så är de två graferna helt lika, så de har samma bidrag.

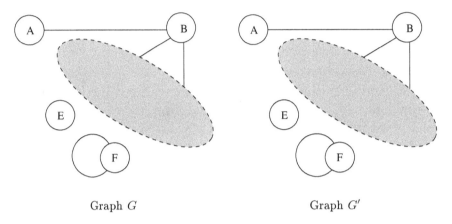

Graph G Graph G'

Figur 5.4: Illustration av lemma, vy 1

I den andra vyn, illustrerad i Figur 5.5 så utesluter vi återigen f men den här gången behåller vi ϕf och utesluter de andra hörnen. Återigen är de två graferna lika så bidragen är samma. Tillammans täcker vyerna 1 och 1 alla hörn och alla kanter förutom f.

I den tredje vyn, illustrerad i Figur 5.6, bland kanterna är det bara f som är med i vyn. Alla andra kanter är uteslutna. Hörnen i $\phi(f)$ är uteslutna. Det är uppenbart att ingen kant bidrar till något hörn i endera av graferna i den här vyn.

I den fjärde och sista vyn, illustrerad i Figur 5.7, så är återigen f med, men den här gången är hörnen i $\phi(f)$ med och alla andra är uteslutna. I den här vyn har vi uppenbart ett bidrag på 2 enheter i G och 0 enheter i G'.

Från illustrationerna i Figurerna 5.4, 5.5, 5.6, och 5.7, konstaterar vi att skillnaden i bidrag är 2.

Låt oss nu se hur vår idé fungerar lite mera formellt i ett lemma:

Lemma 5.1. *Låt $G = (V, E, \phi)$ vara en graf med $|E| > 0$. Låt $f \in E$. Låt $G' = (V, E \setminus \{f\}, \phi)$, så att G' är som G med f borttagen. Då har vi att*

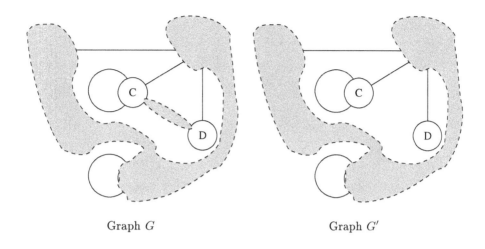

Graph G · Graph G'

Figur 5.5: Illustration av lemma, vy 2

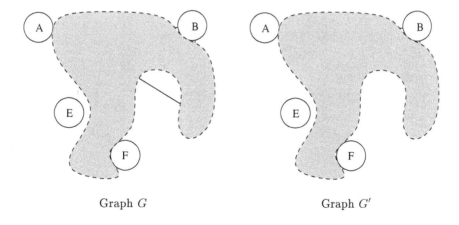

Graph G · Graph G'

Figur 5.6: Illustration av lemma, vy 3

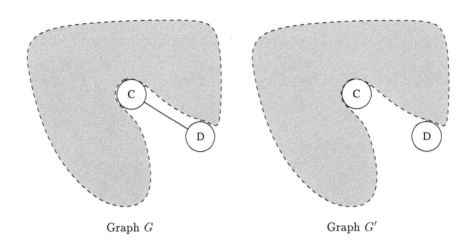

Graph G Graph G'

Figur 5.7: Illustration av lemma, vy 4

$$\sum_{v \in V} d_G(v) = \sum_{v \in V} d_{G'}(v) + 2.$$

Bevis. Enligt definitionen av grad (Se Definition 5.6.), för en graf
$G = (E, V, \phi)$, har vi att $d_G(v) = \sum_{e \in E} c_G(e, v)$ så att
$\sum_{v \in V} d_G(v) = \sum_{v \in V} \sum_{e \in E} c_G(e, v)$.
och vi har att $d_{G'}(v) = \sum_{e \in E \backslash \{f\}} c_{G'}(e, v)$ så att
$\sum_{v \in V} d_{G'}(v) = \sum_{v \in V} \sum_{e \in E \backslash \{f\}} c_{G'}(e, v)$.

Vi delar upp uttrycket
$\sum_{v \in V} \sum_{e \in E} c_G(e, v)$ i 4 termer, så att
$\sum_{v \in V} \sum_{e \in E} c_G(e, v) = T_1 + T_2 + T_3 + T_4$ där
$T_1 = \sum_{v \in V \backslash \phi(f)} \sum_{e \in E \backslash \{f\}} c_G(e, v)$,
$T_2 = \sum_{v \in \phi(f)} \sum_{e \in E \backslash \{f\}} c_G(e, v)$,
$T_3 = \sum_{v \in V \backslash \phi(f)} c_G(f, v)$, och
$T_4 = \sum_{v \in \phi(f)} c_g(f, v)$.
På samma sätt delar vi upp uttrycket
$\sum_{v \in V} \sum_{e \in E} c_{G'}(e, v)$ i 2 termer, så att
$\sum_{v \in V} \sum_{e \in E} c_{G'}(e, v) = T_1' + T_2'$ där
$T_1' = \sum_{v \in V \backslash \phi(f)} \sum_{e \in E \backslash \{f\}} c_{G'}(e, v)$,
$T_2' = \sum_{v \in \phi(f)} \sum_{e \in E \backslash \{f\}} c_{G'}(e, v)$.
T_1 och T_2 utesluter båda f så i dessa termer har vi $c_G(e, v) = c_{G'}(e, v)$, och

således $T_1 = T_1'$ och $T_2 = T_2'$.

Det är uppenbart att $T_3 = 0$, därför att bidraget från f till hörn förutom de som är i $\phi(f)$ är 0.

Det är uppenbart att $T_4 = 2$.

Det följer att $\sum_{v \in V} d_G(v) = \sum_{v \in V} d_{G'}(v) + 2$. □

Som vi tidigare nämnt så kommer vi att använda ett *induktionsbevis* för att bevisa Teorem 5.1. (Se Avsnitt 3.4.1.) Man kan säga att vi bygger upp grafen genom att först lägga till hörn tills den har rätt antal hörn men inga kanter. Sedan lägger vi till kanterna en och en tills vi har grafen som vi önskar. Idén är således följande:

1. Kontrollera att $\sum_{v \in V} d_G(v) = 2|E|$ för en graf med $|E| = 0$, dvs en graf utan kanter.

2. Anta att $\sum_{v \in V} d_G(v) = 2|E|$ för varje graf med $|E| \leq k$.

3. Visa att om $\sum_{v \in V} d_G(v) = 2|E|$ är sant för varje graf med $|E| \leq k$, så är det också sant för varje graf med $|E| = k + 1$.

Om vi lyckas med att följa vår idé så vet vi att det är sant för en graf med 0 kanter, så det är sant för en graf med *som mest* 0 kanter, eller $k = 0$. Men vi har visat att om det är sant för en graf med som mest 0 kanter, så är det också sant för en graf med $|E| = 1$. Och när vi nu vet att det är sant för en graf med $|E| = 1$, så är det också sant för en graf med $|E| = 2$, osv. Till slut kan vi konstatera att det är sant för en graf med ett godtyckligt antal kanter.

Låt oss nu se hur vi kan bevisa detta mera formellt:

Bevis. (av Teorem 5.1)

1. (bas) Egenskapen är trivialt sann för en graf med $|E| = 0$, för i en sådan graf är graden av varje hörn 0.

2. (induktionshypotes) Anta att för varje graf $G = (V, E, \phi)$ med $|E| \leq k$ vi har att $\sum_{v \in V} d_G(v) = 2|E|$.

3. (induktionsteg) Låt $G = (V, E, \phi)$ var en godtycklig graf så att $|E| = k{+}1$. Låt $f \in E$ och beakta grafen $G' = (V, E \setminus \{f\}, \phi)$, dvs G' är som G förtom med en kant borttagen. Uppenbart, $|E \setminus \{f\}| = k$, så att induktionshypotesen är tillämpningsbar, och vi vet att $\sum_{v \in V} d_{G'}(v) = 2|E \setminus \{f\}| = 2(|E| - 1) = 2|E| - 2$. Från Lemma 5.1, vet vi att $\sum_{v \in V} d_G(v) = \sum_{v \in V} d_{G'}(v) + 2$ så att $\sum_{v \in V} d_G(v) = 2|E| - 2 + 2 = 2|E|$.

$\square$

5.3   Promenad

Det är ofta så att vi behöver veta huruvida i en given graf det är möjligt att gå från ett hörn till ett annat hörn genom att följa kanter. Sekvensen av hörn och kanter som vi följer då kallas en *promenad*. I det här avsnittet undersöker vi flera möjliga sätt att definiera begreppet *promenad*, till vi hittar rätt sätt.

Definition 5.7. *(Varning: den här definitionen är inte acceptabel.) En promenad i en graf G är en sekvens $P = v_1, v_2, \ldots, v_n$ bestående av hörn i G så att $\forall i, 1 \leq i < n$, v_i och v_{i+1} är grannar.*

Den här definitionen fungerar inte så väl när det finns flera kanter mellan två hörn. Till exempel i Figur 5.8, så är promenaden (enligt Definition 5.7) $P = A, B$ flertydig. Vi vet inte huruvida vi skall använda kanten a eller kanten b. I vissa tillämpningar kan denna flertydighet skapa problem.

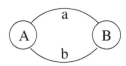

Figur 5.8: Illustration av begreppet *promenad*.

Här är ytterliga ett försök att definiera *promenad*.

Definition 5.8. *(Varning: den här definitionen är inte acceptabel.) En promenad i en graf G är en sekvens $P = e_1, e_2, \ldots, e_n$ bestående av kanter i G så att $\forall i, 1 \leq i < n$, e_i och e_{i+1} är grannar.*

Tyvärr så fungerar inte heller Definition 5.8 så väl. Problemet med denna definition illustreras av Figur 5.9, i vilket a, b, c är en promenad enligt Definition 5.8. Anledningen är att a och b är grannar (på grund av hörnet B) och så även b och c (av samma anledning). Men vi vill trots allt inte att a, b, c skall anses vara en promenad, för idén bakom en promenad är att vi börjar i något hörn och sedan stegvis går från ett hörn till ett annat hörn genom att följa en kant för att slutligen hamna i hörnet som är vårt mål. Promenaden a, b, c motsvarar inte våra förväntningar.

Ytterligare ett problem med Definition 5.8 är att vi inte vet i vilket hörn promenaden börjar.

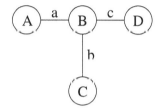

Figur 5.9: Illustration av begreppet *promenad*.

Man kan reparera Definition 5.8 på flera sätt. Här skall vi använda följande lösning:

Definition 5.9. *En promenad i en graf $G = (V, E, \phi)$ är en sekvens*

$$P = v_1, e_1, v_2, e_2, \ldots, v_n, e_n, v_{n+1}$$

så att $\forall i, 1 \le i \le n + 1, v_i \in V$, $\forall i, 1 \le i \le n, e_i \in E$ och $\phi(e_i) = \{v_i, v_{i+1}\}$.

Definition 5.9 säger att en promenad är en sekvens av alternerande hörn och kanter i grafen så att varje kant i promenaden är omringad av hörnen som den berör. Vi säger att P är en promenad *mellan v_1 och v_{n+1}*, och ibland att P är en promenad *från v_1 till v_{n+1}*.

Med Definition 5.9 undviker vi flertydigheten illustrerad i Figur 5.8. Vi anger helt enkelt antingen A, a, B eller A, b, B beroende på vad vi vill uppnå.

Problemet med Definition 5.8 försvinner också i Definition 5.9.

5.4 Sammanhängande graf

Ibland är det användbart att kunna gå från varje hörn i en graf till varje annat hörn i grafen. Till exempel är det en fördel för ett flygbolag att kunna erbjuda sina kunder en biljett från vilken flygplats som helst där bolagen flyger, till viken annan flygplats som helst där de flyger, utan att kunden skall behöva flyga med något annat bolag på någon sträcka.

Grafer som uppfyller denna önskan sägs vara *sammanhängande*. Mera formellt:

Definition 5.10. *En graf G sägs vara* sammanhängande *om och endast om* $\forall v_1, v_2 \in V$, *det finns en promenad mellan v_1 och v_2.*

5.5 Övningar

Betänk en graf i vilken hörnen representerar icke-negativa heltal med exakt b binära siffror (talet kan börja med en eller flera nollor), och i vilken det finns en kant mellan två hörn om och endast om den binära representationen av de två talen i hörnen skiljer sig i exakt en position.

Till exempel, om $n = 2$ så är hörnen 00, 01, 10 och 11, och den här grafen har 4 kanter: mellan 00 och 01, mellan 00 och 10, mellan 10 och 11, och mellan 01 och 11.

En sådan graf kallas en *hyperkub*.

Övning 5.1. *Bestäm $|V(G)|$ som en funktion av n om G är en hyperkub.*

Övning 5.2. *Vad är graden av hörnen i en hyperkub (som en funktion av n)? Varför?*

Övning 5.3. *Låt $G = (\{A, B, C\}, \{a\}, \phi_G)$, där $\phi_G(a) = \{A, B\}$ och $G' = (\{A, B, C\}, \{a, b\}, \phi_{G'})$, där $\phi_{G'}(a) = \{B, C\}$ och $\phi_{G'}(b) = \{A, C\}$. Rita de två graferna G och G' i samma ritning så att det är uppenbart att de har hörnen och en kant gemensamt. (Vi vet inte hur man gör.)*

Kapitel 6

Eulergrafer

I det här kapitlet etablerar vi nödvändiga villkor för att en graf skall vara en "Eulergraf". Detta ord hänför till den schweiziske matematikern Leonhard Euler som definierade och studerade detta begrepp.

6.1 En aning historia

I staden Königsberg (som nu heter Kaliningrad) fanns det 7 broar som förband öarna och de två flodstränderna i staden. De var ordnade som visas i Figur 6.1.

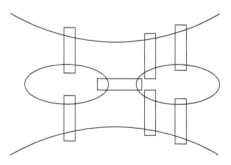

Figur 6.1: Broarna i Königsberg.

Borgarna i staden Königsberg tillbringade ofta helgerna med att promenera i centrum. Många av dem ställde sig frågan om huruvida det var möjligt att börja en promenad på någon ö eller någon flodstrand, avsluta promenaden på någon annan (eller samma) ö eller flodstrand, och att under promenaden ha använt varje bro exakt en gång. Ingen lyckades med att hitta en sådan promenad.

Det är lätt att se hur man kan beskriva detta problem som en graf i vilken hörnen motsvarar öar och flodstränder, och i vilken kanterna motsvarar broar. Problemet kan då formuleras såhär:

> I en graf $G = (V, E, \phi)$, kan man hitta en *promenad* med m kanter i sig, dvs $P = v_1, e_1, v_2, e_2, \ldots, v_m, e_m, v_{m+1}$, så att $\{e_1, e_2, \ldots, e_m\} = E$ och $|E| = m$?

Med andra ord så måste vi hitta en promenad som innehåller varje kant. Dessutom så garanterar villkoret $|E| = m$ att ingen kant förekommer mer än en gång i promenaden, för om samma kant förekommer flera gånger, men $\{e_1, e_2, \ldots, e_m\} = E$, så betyder det att antalet element i mängden E (dvs $|E|$) är mindre än m.

6.2   Att rita ett kuvert

Ett problem som liknar problemet med broarna i Königsberg (men som har en lösning i motsats till Königsberg) handlar om att rita ett kuvert (Se Figur 6.2.) utan att lyfta pennan.

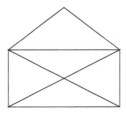

Figur 6.2: Ett kuvert.

Här motsvarar linjesegmenten broarna i Königsberg, och skärningspunkterna mellan linjesegmenten motsvarar öar och flodstränder.

Att rita ett kuvert är enkelt om man bara börjar rita antingen i det nedre vänstra eller det nedre högra hörnet. Om vi börjar någon annanstans är det inte möjligt.

6.3 Formell definition

I det här avsnittet definierar vi mera formellt vad vi menar med "Eulergraf".

Definition 6.1. *En graf* $G = (V, E, \phi)$ *är en* Eulergraf *om och endast om den innehåller en promenad* $P - v_1, e_1, v_2, e_2, \ldots, v_m, c_m, v_{m+1}$ *så att* $\{v_1, v_2, \ldots, v_m, v_{m+1}\} = V$, $\{e_1, e_2, \ldots, e_m\} = E$ *och* $|E| = m$.

Låt oss studera konsekvenserna av Definition 6.1. Först och främst så betyder definitionen att "om vi hittar en sådan promenad, så är grafen en Eulergraf", och också att "grafen är en Eulergraf bara om vi kan hitta en sådan promenad". Inom matematiken och datavetenskapen använder man ibland förkortningen "omm" när man menar "om och endast om".

Vidare så säger Definition 6.1 att promenaden skall ha vissa egenskaper. Hörnen i promenaden måste vara mängden av hörn i grafen, eller med andra ord, promenaden måste gå igenom varje hörn i grafen. Det följer omedelbart att en graf i vilken något hörn är isolerat inte kan vara en Eulergraf.

Liksom att promenaden måste gå igenom varje hörn i grafen så måste promenaden också innehålla varje kant i grafen. Det är vad uttrycket $\{e_1, e_2, \ldots, e_m\} = E$ betyder.

Slutligen så måste $|E| = m$, vilket betyder att det total antalet kanter i grafen måste vara samma som antalet kanter i *promenaden*. Med andra ord så kan promenaden inte använda samma kant två gånger. Någon liknande begränsning finns inte vad det gäller hörnen.

I sammanfattning så betyder Definition 6.1 "En graf är en Eulergraf om och endast om den innehåller en promenad som går igenom varje hörn minst en gång och som går igenom varje kant exakt en gång".

6.4   Nödvändiga villkor för en Eulergraf

I det här avsnittet undersöker vi ett antal *nödvändiga villkor* för att en graf skall vara en Eulergraf. De nödvändiga villkoren är de villkor som är direkta konsekvenser av att en graf är en Eulergraf, så de är sanna närhelst en graf är en Eulergraf. Om ett av dessa villkor är falskt så kan inte grafen vara en Eulergraf.

6.4.1   Sammanhängande graf

Den första egenskapen vi skall undersöka, och som måste vara sann för att en graf skall vara en Eulergraf är att grafen måste vara *sammanhängande*.

Teorem 6.1. *Om en graf G är en Eulergraf, så är G nödvändigvis sammanhängande.*

Här är några andra sätt att säga precis samma sak:

- Varje Eulergraf är sammanhängande.

- G är en Eulergraf $\Rightarrow$ G är sammanhängande.

- Om G inte är sammanhängande så är G inte en Eulergraf.

- Att G är sammanhängande är ett nödvändigt villkor för att G skall vara en Eulergraf.

Hur kan man bevisa ett teorem såsom Teorem 6.1? Det finns flera möjligheter. Vi har redan sett (Se Avsnitt 5.2.) ett induktionsbevis. Den typen av bevis fungerar inte så väl för detta teoremet. Istället skall vi använda ett *motsägelsebevis*. Idén bakom ett sådant bevis är att *anta att satsen i teoremet är falsk* och att visa att ett sådan antagande leder till en logisk motsägelse. Eftersom logiken är motsägelsefri så måste det vara så att antagandet var falskt, och således satsen i teoremet sann.

Vad man först behöver göra när man bevisa ett sådant här teorem, är att undersöka *definitionerna* av begreppen som teoremet hänvisar till. Vi måste således undersöka definitionerna av "Eulergraf" och "sammanhängande". Definition 6.1 definierar Eulergraf och Definition 5.10 definierar vad det betyder att en graf är sammanhängande.

Bevis. Anta att satsen i 6.1 är falsk; med andra ord, det finns en graf G som är både en Eulergraf och inte sammanhängande. (Det är viktigt att inse att denna mening är motsatsen till satsen i teoremet).

Låt oss nu undersöka konsekvenserna av detta antagande. Grafen $G = (V, E, \phi)$ är en Eulergraf. Från definitionen av Eulergraf vet vi att det finns en promenad $P = v_1, e_1, v_2, e_2, \ldots, v_m, e_m, v_{m+1}$ så att $\{v_1, v_2, \ldots, v_m, v_{m+1}\} = V$, $\{e_1, e_2, \ldots, e_m\} = E$ och $|E| = m$.

Definition 5.10 säger att en graf är sammanhängande om och endast om $\forall v_1, v_2 \in V$, det finns en promenad mellan v_1 och v_2. Eftersom vi har antagit att G *inte* är sammanhängande, så måste det vara så att $\exists w_1, w_2 \in V$, utan någon promenad mellan w_1 och w_2. Vi kallar dem w_1 och w_2 och inte v_1 och v_2 som i definitionen av anslutenhet så att vi inte blandar ihop dem med hörnen v_1 och v_2 i definitionen av Eulergraf.

Eftersom P innehåller varje hörn i G så måste den nödvändigvis innehålla w_1 och w_2. Låt oss säga att w_1 är samma hörn som v_i och att w_2 är detsamma som v_j. Vi kan då skriva promenaden så här:
$P = v_1, e_1, v_2, e_2, \ldots, w_1, e_i, \ldots, e_{j-1}, w_2, \ldots, v_m, e_m, v_{m+1}$. Låt oss undersöka delpromenaden $P' = w_1, e_i, \ldots, e_{j-1}, w_2$ av P. En delpromenad av en promenad är en promenad. P' är uppenbart en promenad mellan w_1 och w_2. Men vi har antagit att det inte finns någon promenad mellan w_1 och w_2, så vi har nu en logiskt motsägelse.

Vårt antagande att det finns en graf som både är en Eulergraf och inte sammanhängande är således falskt. Vi konstaterar att varje Eulergraf är sammanhängande. $\qquad\square$

6.4.2 Hörnparitet

I det här avsnittet undersöker vi ytterligare ett nödvändigt villkor för att en graf skall vara en Eulergraf. Villkoret handlar om *pariteten* hos hörnen i en graf. Låt oss därför börja med att definiera hörnparitet.

Definition 6.2. *Ett hörn sägs vara* udda *om dess grad är udda. På samma sätt sägs ett hörn vara* jämnt *om dess grad är jämn.*

Förhållandet mellan hörnparitet i en graf och det faktum att grafen är en Eulergraf uttrycks i följande teorem:

Teorem 6.2. *Om en graf G är en Eulergraf, så är antalled udda hörn i G antingen* 0 *eller* 2.

Innan vi bevisar Teorem 6.2, låt oss titta på dess konsekvenser vad beträffar grafen som representerar Königsberg. Graderna hos hörnen i den här grafen är 3, 3, 3 och 5. Grafen har således 4 udda hörn. Det följer att grafen som representerar staden Königsberg inte är en Eulergraf, vilket förklarar anledningen att medborgarna inte lyckades hitta en acceptabel promenad.

Om vi tittar på graderna av hörnen i grafen som representerar ett kuvert, så är de 2, 4, 4, 4, 3 och 3. Det finns således 2 udda hörn. Teoremet ger oss inte rätt att konstatera att grafen som representerar ett kuvert är en Eulergraf, för det är bara ett nödvändigt villkor, och det är viktigt att inte "vända på pilen".

Låt oss nu bevisa Teorem 6.2. Vi använder återigen ett motsägelsebevis.

Bevis. Anta motsatsen, dvs att det finns en graf G som är en Eulergraf men antalet udda hörn i G är varken 0 eller 2.

Grafen $G = (V, E, \phi)$ är en Eulergraf. Definition 6.1 säger att det finns en promenad $P = v_1, e_1, v_2, e_2, \ldots, v_m, e_m, v_{m+1}$ så att $\{v_1, v_2, \ldots, v_m, v_{m+1}\} = V$, $\{e_1, e_2, \ldots, e_m\} = E$ och $|E| = m$.

Låt oss undersöka något hörn annat än v_1 och v_{m+1} i den här promenaden, och låt oss kalla detta hörn v_i. Detta hörn kan givetvis förekomma flera gånger i promenaden P. Varje förekomst av v_i är omringad av två kanter e_{i-1}, v_i, e_i. De två kanterna e_{i-1} och e_i bidrar 2 enheter till graden av v_i, vars grad således är jämn.

Vad beträffar v_1 och v_{m+1} i promenaden P så finns det två fall. Det första fallet är när $v_1 \neq v_{m+1}$ och det andra fallet är när $v_1 = v_{m+1}$.

I det första fallet bidrar e_1 med 1 enhet till graden av v_1 och e_m bidrar 1 enhet till graden av v_{m+1}. De båda hörnen v_1 är v_{m+1} således nödvändigtvis udda, och det finns således exakt 2 udda hörn i G.

I det andra fallet så bidrar e_1 med 1 enhet till graden av v_1 och e_m bidrar med 1 enhet till graden av $v_{m+1} = v_1$, så att det totala bidraget är 2 enheter till detta hörn, som således nödvändigtvis är jämnt. I det här fallet har således G inga udda hörn. $\square$

I själva verket så hjälper oss beviset här ovan att hitta en promenad i en graf med 2 udda hörn (som till exempel kuvertet), för vi kan se att promenaden måste börja i ett av de udda hörnen och sluta i det andra. Detta är anledningen till att vi måste börja med att rita kuvertet i nedre vänstra hörnet och sluta i det nedre högra hörnet, eller omvänt.

6.5   Tillräckliga villkor för en Eulergraf

I föregående avsnitt undersökte vi *nödvändiga* villkor för att en graf skall vara en Eulergraf. Men vi har fortfarande inte några *tillräckliga villkor*.

Att hitta tillräckliga villkor är betydligt svårare än att hitta nödvändiga villkor, framför allt för att motsägelsebevis inte är anpassade för den typen av villkor.

I själva verket så föredrar en datavetare att ha ett *konstruktivt* bevis. Ett sådant bevis visar inte bara att den nödvändiga promenaden *existerar*, utan det ger också *en metod för att hitta en sådan promenad*. Datavetaren kan sedan översätta denna metoden till en *algoritm* och slutligen till ett *program* för att hitta en sådan promenad.

Det visar sig att de två nödvändiga villkoren ifrån Avsnitt 6.5 tillsammans också ger ett tillräckligt villkor. Utan att bevisa det så visar vi nu således det slutliga teoremet:

Teorem 6.3. *En graf är en Eulergraf om och endast om G är sammanhängande och antalet udda hörn i G är antingen* 0 *eller* 2.

6.6 Övningar

I vissa Eulergrafer är det lättare att finna den nödvändiga promenaden än i andra Eulergrafer. Ta till exempel en figur i form av en rektangel. Oavsett var man börjar promenaden, och oavsett vilket val av kant man gör i varje hörn för att gå till nästa hörn, så hittar man till slut en promenad. Ytterliga ett exempel är ett träd (Se Definition 7.9.) som också råkar var en Eulergraf.

Låt oss kalla en Eulergraf en *stark Eulergraf* om det alltid är möjligt att hitta en promenad såsom beskrivs här ovan.

Övning 6.1. *Definiera begreppet* stark Eulergraf *mera formellt.*

Övning 6.2. *Försök hitta en graf med 2 udda hörn som inte är ett träd, och som är en stark Eulergraf.*

Övning 6.3. *Försök hitta en graf utan något udda hörn som inte är en cykel, och som är en stark Eulergraf.*

Övning 6.4. *Försök att hitta* nödvändiga villkor *för att en graf skall vara en* stark Eulergraf.

Kapitel 7

Variationer på grafer

I föregående kapitel så begränsade vi oss till grafer av en viss sort, nämligen godtyckliga oriktade grafer. I detta kaptitel behandlar vi några variationer på grafbegreppet som ofta är användbara i olika typer av tillämpningar.

7.1   Enkel graf

En *enkel* graf är en graf utan multipla kanter, dvs mellan två givna hörn i grafen kan det finnas som mest en kant.

Enkla grafer är ibland användbara när bara enkla relationer mellan hörnen behövs. Ett exempel på en sådan situation är ett flygbolags linjer. För att resa från en flygplats A till en flygplats B räcker det ibland att veta huruvida de två är förbundna med ett direktflyg.

Vissa definitioner kräver att grafen inte har några *öglor* för att man skall kunna kalla den enkel.

7.2   Riktad graf

En *riktad* graf (också kallad *digraf*) är en graf i vilken kanterna har en riktning, dvs man kan skilja mellan dess två extrempunkter. Man kallar då den ena extrempunkten för kantens *huvud* och den andra extrempunkten för kantens *svans*. Man föredrar då att använda ordet *båge* ("arc" på engelska) istället för *kant*. När man ritar en båge i en figur så ritar man den som en pil där spetsen visar bågen huvud.

Definition 7.1. *En båge är ett objekt a med två extrempunkter, varav en kallar för bågens* huvud *(vilket betecknas som $H(a)$) och den andra kallar för bågens* svans *(vilket betecknas som $T(a)$).*

Vi kan nu använda Definition 7.1 för att definiera *riktad graf*:

Definition 7.2. *En* riktad graf $G = (V, A)$ *är ett par, där V är en mängd* hörn, *and A är en mängd* bågar *så att $\forall a \in A, H(a), T(a) \in V$.*

Vid det här laget man kan rätteligen fråga sig vart funktionen ϕ i Definition 4.1 tog vägen, och svaret är att den har blivit ersatt med de två funktionerna H och T. Vidare, med Definition 7.1 så är huvudet och svansen fullt bestämda av bågen självt och hänger inte samman med grafen som ϕ gjorde. En omedelbar följd av att definiera riktad graf på det här sättet är att det nu är omöjligt för en båge att delta i flera grafer samtidigt, och anledningen till denna begränsningen är att program som baseras på denna definitionen kan exekvera snabbare än om man tillåter att en båge kan delta i flera olika grafer samtidigt, med olika huvud och svans.

Riktade grafer är användbara för att representera ett nätverk av vägar. Anledningen är att det i ett sådan nätverk kan vara möjligt att ta sig från en punkt A direkt till en punkt B, medan det inte går att ta sig direkt från B till A. Om det handlar om vägar så kan det vara ett vissa är enkelriktade, och om det handlar om flyglinjer så kan det vara så att flyget fortsätter till en annan flygplats innan det flyger tillbaka till utgångspunkten. Ett exempel på en riktad graf visas i Figur 7.1.

Riktade grafer används ofta inom datavetenskap, för de är ofta lättare än oriktade grafer att representera i datorns minne. I själva verket så representerar

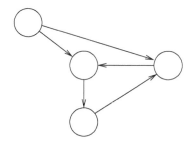

Figur 7.1: En riktad graf

man ofta en oriktad graf som en riktad graf i vilken en kant representeras som två motriktade bågar.

7.3 Acyclisk graf

En intressant typ av graf är en *acyklisk* graf. Huvudanledningen att acykliska grafer är intressanta är att algoritmer för sådana grafer kan bli snabbare än om kretsar är tillåtna. Om vi kan vara säkra på att en viss graf är acyklisk så kan programmet som behandlar den bli avsevärt snabbare. I det här avsnittet definierar vi begreppen krets och acyklisk graf.

Eftersom de flesta graferna i den här boken är oriktade så börjar vi med att definiera vad en krets i en oriktad graf är.

Definition 7.3. *En* krets *i en oriktad graf är en* promenad
$P = v_1, e_1, v_2, e_2, \ldots, v_n, e_n, v_{n+1}$ *så att* $v_1 = v_{n+1}$.

Vi kan nu använda Definition 7.3 till att definiera begreppet *oriktad acyklisk graf*:

Definition 7.4. *En* oriktad acyklisk graf *är en oriktad graf utan kretsar*.

Men eftersom det är så att de flesta grafer som förekommer i riktiga tillämpningar är *riktade* så låt oss ta en titt på vad som menas med en acyklisk riktad graf.

Först, låt oss definiera begreppet *riktad promenad*.

Definition 7.5. *En* riktad promenad *i en riktad graf är en följd av bågar* $P = a_1, a_2, \ldots, a_n$ *så att* $\forall i, 1 \leq i < n, H(a_i) = T(a_{i+1})$.

För det första så säger oss Definition 7.5 att en riktad promenad är en följd utav bågar.

Sedan säger den oss att det inte kan vara vilken följd som helst, utan att huvudet på en båge måste vara svansen på nästa båge i följden.

Definition 7.6. *En* krets *i en riktad graf är en promenad* $P = a_1, a_2, \ldots, a_n$ *så att* $H(a_n) = T(a_1)$.

Den här definitionen ger oss ett kännetecken för att en promenad skall vara en krets, nämligen att svansen på den första bågen i promenaden måste vara samma som huvudet på den sista bågen i promenaden.

I Figur 7.2, så är följden a, b, c av bågar en krets, liksom följderna a, b, c, d och a, b, c, d, d, a, b, c, osv.

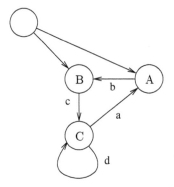

Figur 7.2: En krets

Definition 7.7. *En krets är en* cykel *om och endast om ett hörn är huvudet av som mest en båge i kretsen.*

I Figur 7.2 så är kretsen a, b, c en cykel, liksom kretsen d. Detta är inte fallet med kretsen a, b, c, d för hörnet C är huvudet både av bågen c och bågen d i kretsen.

I allmänhet kan en graf ha kretsar. Men om så inte är fallet så kallar vi den en *acyklisk graf*, och om det handlar om en riktad graf utan kretsar så kallar vi den en *riktad acyklisk graf* ("directed acyclic graph" på engelska).

Definition 7.8. *En* riktad acyklisk graf *är en riktad graf som inte har några kretsar.*

Det kan tyckas att Definition 7.8 är trivial, men det är första gången som vi har sett definitionen av *graf utan kretsar*. Inom teoretisk datavetenskap (liksom inom matematik) så kan vi inte räkna med att det svenska språket skall automatisk ge oss sådana definitioner. Det faktum att svenskan antyder att "acyklisk" betyder "inte har några kretsar" ger oss inte rättighet att utelämna definitionen.

Figur 7.3 visar ett exempel på en riktad acyklisk graf.

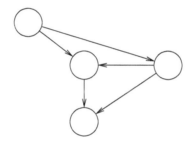

Figur 7.3: En riktad acyklisk graf.

7.4 Träd

Begreppet *träd* är oerhört viktigt inom datavetenskap. Många effektiva algoritmer använder träd. I det här avsnittet definierar vi detta begrepp.

Låt oss först ta en titt på oriktade grafer.

Definition 7.9. *Ett* träd *("tree" på engelska) är en oriktad graf som både är* sammanhängande *och* acyklisk.

I ett träd så finns det en enda promenad som förbinder två godtyckligt valda
hörn, vilket är en viktig egenskap som gör det möjligt att hitta mycket snabba
algoritmer för sådana grafer.

Lägg märke till att Definition 7.9 kräver att grafen skall vara sammanhängande.
Det är ibland användbart att utelämna detta krav. I så fall är det vanligt att
man talar om en *skog* ("forest" på engelska) vilket då betyder en mängd av träd
som inte är sammankopplade med varandra.

Låt oss nu ta en titt på fallet med en riktad graf.

Definition 7.10. *Ett* riktat träd *("directed tree" på engelska) är en riktad
acyklisk graf $G = (V, A)$ i vilken varje hörn v har en* inkommande grad *(dvs
antalet bågar som har v som huvud) som är lika med 1, förutom ett enda hörn
som kallas för trädets* rot *("root" på engelska) och som har en inkommande
grad som är lika med 0.*

Den här definitionen säger oss först och främst att ett riktat träd är en riktad
acyklisk graf. Men sedan följer ytterligare en restriktion, nämligen att den
inkommande graden hos hörnen inte kan vara större än 1. Grafen i Figur 7.3
är således inte ett träd för den har två hörn vars inkommande grad är 2.

Vidare, i ett riktat träd kan varje hörn v nås medelst en unik promenad ifrån
roten.

Figur 7.4 visar ett exempel på ett riktat träd.

7.5   Övningar

En *bipartit graf* (också kallad *tvådelad graf*) är en graf vars hörn kan delas upp
i två mängder så att varje kant i grafen har ett hörn i varje mängd som berör
den.

Övning 7.1. *Ge en mera formell definition av* bipartit graf. *(Se början av
Avsnitt 7.5 för en informell definition).*

Övning 7.2. *Hitta ett antal* nödvändiga villkor *för att en graf skall vara en*
bipartit graf *(Se början av Avsnitt 7.5 för en informell definition av bipartit
graf). Försök att hitta villkor som är så svaga som möjligt. Till exempel så är*

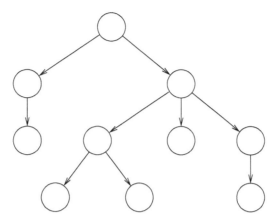

Figur 7.4: Ett riktat träd.

en graf utan kanter trivialt bipartit, men det är ett mycket starkt villkor som inte är speciellt användbart.

Övning 7.3. *Visa att ett träd (Se Definition 7.9.) är en bipartit graf (Se början av Avsnitt 7.5 för en informell definition av bipartit graf).*

Del II

Algoritmer

Kapitel 8

Begreppet algoritm

Begreppet *algoritm* är centralt inom datavetenskap. I detta kapitel undersöker vi detta begrepp i detalj.

8.1   Vad är en algoritm?

Skillnaden mellan en algoritm och ett *program* är ofta en fråga om *detaljnivå*. En algoritm uttrycks ofta i en notation som är oberoende av något speciellt *programspråk*, medan ett program är skrivet i ett specifikt sådant programspråk.

Ytterligare en skillnad mellan en algoritm och ett program är att det krävs av en algoritm att dess exekvering måste stanna och ge ett resultat, medan ett program kan exekvera i en *oändlig slinga* vilket betyder att det aldrig stannar såvida det inte tvingas att göra det med någon oberoende handling (man kan stänga av datorn till exempel).

En algoritm är således en metod för att lösa specifika problem och som garanterar ett svar i ändlig tid. Tiden som algoritmen tar kan givetvis vara så lång att algoritmen är i praktiken oanvändbar.

Exempel: För att kontrollera huruvida ett heltal n är ett *primtal* (dvs dess faktorer är bara 1 och talet självt), så kan man använda följande algoritm:

> För varje heltal $1, 2, \leq i < n$, kontrollera huruvida i är en faktor av n genom att dividera n med i och kontrollera om resultatet är ett heltal. Om så är fallet, stanna med svaret "nej". Om inget sådant tal i är en faktor av n, stanna med resultatet "ja".

Det finns ett allvarligt problem med att definiera begreppet algoritm på detta sätt. Ta exemplet med primtal ovan. Hur kan vi anta att vi vet hur man dividerar ett heltal med ett annat heltal för att kontrollera att resultatet är ett heltal? Kanske behöver vi en algoritm även för detta. Och om vi hittar en algoritm för divisionen, behöver vi även hitta algoritmer för varje steg av *den* algoritmen? Å andra sidan, varför kan vi inte helt enkelt deklarera att "kontrollera huruvida ett tal är ett primtal" är en elementär operation? Om så är fallet så behöver vi inte hitta en algoritm för det.

Med andra ord, hur kan vi veta huruvida en operation är elementär, så att den inte kräver en egen algoritm?

Svaret är att en operation är elementär om en dator kan utföra den *mycket snabbt*, genom att använda ett relativt litet antal *klockcykler*

Läsaren vet inte nödvändigtvis huruvida en operation är elementär i den meningen som stipulerades i föregående paragraf. Som tur är så klarar vi oss utan denna kunskap. Genom att använda ett begrepp som kallas *abstrakt datatyp* som vi undersöker i nästa avsnitt så kan vi avgöra huruvida en operation är elementär.

8.2   Abstrakt datatyp

Innan vi behandlar abstrakta datatyper, låt oss först avgöra vad vi menar med en *datatyp*. Informellt är en datatyp en mängd av objekt med några uppenbara gemensamma egenskaper. Det är ofta enkelt att *namnge* datatypen.

Exempel: Datatypen vars namn är *bil* är mängden av alla objekt som är bilar.

Datatyper är inte förhandsdefinierade. En ny datatyp kan definieras om det visar sig användbart i någon situation att göra det. En typ kan således var godtyckligt allmän eller godtyckligt specifik beroende på tillämpningens behov. I en tillämpning kan det vara onödigt att definiera datatypen *bil*, men det kan vara nödvändigt att skilja på *organiska objekt* och *icke-organiska objekt*. I en annan tillämpning kan det var viktigt att skilja på bilar med olika färg, så i en sådan tillämpning kan man ha en datatyp med namnet *röd bil*.

Vår informella definition av begreppet datatyp är ofta otillfredsställande.

Till exempel så är mängden av de två elementen "Erik" och "Eriks hund" en datatyp enligt den här definitionen, för de två objekten har uppenbart något gemensamt. Men vi känner att det inte är en bra datatyp. Kanske kan man säga att de är båda däggdjur, men i så fall skulle mängden även innehålla många andra objekt som "Anna", "igelkotten som Jan just körde över" osv. Det är inte tillräckligt att säga att objekten måste "ha gemensamma egenskaper". För att vi skall anse att mängden är en datatyp behöver vi ytterligare någon begränsning vad beträffar dessa gemensamma egenskaper.

Begreppet *abstrakt datatyp* hjälper oss genom att ge oss en sådan begränsning.

Definition 8.1. *En* abstrakt datatyp *är en mängd objekt som tillåter samma* operationer *så att alla operationerna kan tillämpas på vilket objekt som helst i mängden.*

Dessa operationer väljs av datavetaren enligt tillämpningens behov.

Exempel: Operationerna som kan tillämpas på ett objekt av typen *bil* skulle kunna vara: *starta, stanna, fyll på bensin, avgör hastighet*, osv.

Från en tillämpning till en annan kan operationerna vara helt annorlunda, även om kanske namnet på typen är detsamma. De möjliga operationerna på ett objekt av typ *person* är antagligen totalt olika i en tillämpning för inkomstskatt och en tillämpning som har med cellbiologi att göra, till exempel.

8.3 Grafen som abstrakt datatyp

I det här avsnittet behandlar vi två sätt att definiera en graf som en abstrakt datatyp. Olika typer ger olika algoritmer. Varje datatyp motsvarar en av definitionerna i Kapitel 4.

I normala fall så kan algoritmer som behandlar grafer modifiera en graf genom att till exempel lägga till eller ta bort ett hörn eller en kant. För att förenkla algoritmerna så tillåter vi inte sådana förändringar i den här boken.

I den första abstrakta datatypen som vi behandlar så spelar kanterna en väsentlig roll. Av den anledningen kallar vi den här datatypen för *kantcentrerad*. Den här datatypen har följande operationer:

1. Givet en graf G, returnera $|V(G)|$, dvs antalet hörn i G.

2. Givet en graf G, returnera $|E(G)|$, dvs antalet kanter i G.

3. Givet en graf G och ett heltal i, $0 \leq i < |V(G)|$, returnera hörn nummer i (hörn numreras från 0).

4. Givet en graf G och ett heltal i, $0 \leq i < |E(G)|$, returnera kant nummer i (kanter numreras från 0).

5. Givet en graf G, en kant e i G och ett heltal $i \in \{0, 1\}$, returnera det första eller det andra hörnet som berör e.

6. Givet ett hörn v, markera v.

7. Givet ett hörn v, avmarkera v.

8. Givet ett hörn v, returnera *sant* om v är markerat och *falskt* annars.

9. Givet en kant e, markera e.

10. Givet en kant e, avmarkera e.

11. Givet en kant e, returnera *sant* om e är markerad och *falskt* annars.

De fyra första operationerna är nödvändiga för att man skall kunna räkna upp alla hörn och alla kanter i grafen. Den femte operationen motsvarar funktionen ϕ Definition 4.1. De andra operationerna finns till för att man skall kunna besöka hörnen och kanterna och avgöra om ett visst hörn eller en viss kant redan har besökts.

Operationerna i en kantcentrerad abstrakt datatyp kan formaliseras som följer. Varje operation innehåller dess *namn* och dess *parametrar*:

1: VERTEX_COUNT(G)
2: EDGE_COUNT(G)
3: VERTEX(G, i)
4: EDGE(G, i)
5: EDGE_END(G, e, i)

6: MARK_VERTEX(v)
7: UNMARK_VERTEX(v)
8: VERTEX_MARKED(v)
9: MARK_EDGE(e)
10: UNMARK_EDGE(e)
11: EDGE_MARKED(e)

Den andra abstrakta datatypen vi behandlar liknar den första, men den här gången är det *hörnen* som spelar en viktigare roll än kanterna. Av den anledningen kallar vi den här abstrakta datatypen *hörncentrerad*. Den här datatypen har följande operationer:

1. Givet en graf G, returnera $|V(G)|$, dvs antalet hörn i G.

2. Givet en graf G och ett heltal i, $0 \le i < |V(G)|$, returnera hörn nummer i (hörn numreras från 0).

3. Givet en graf G och ett hörn v i G, returnera antalet kanter som är grannar med v i G.

4. Given en graf G, ett hörn v i G och ett heltal i, returnera kant nummer i som är granne med v i G.

5. Givet en graf g, ett hörn v i G och en kant e granne med v i G, returnera det andra hörnet som är granne med e i G.

6. Givet ett hörn v, markera v.

7. Givet ett hörn v, avmarkera v.

8. Givet ett hörn v, returnera *sant* om v är markerat och *falskt* annars.

9. Givet en kant e, markera e.

10. Givet en kant e, avmarkera e.

11. Givet en kant e, returnera *sant* om e är markerad och *falskt* annars.

Här motsvarar den tredje och den fjärde operationen funktionen ψ i Definition 4.2. Den femte operationen är egentligen inte nödvändig, men den är medtagen för den gör många algoritmer snabbare, och den kan anses som primitiv.

Operationerna i en hörncentrerad abstrakt datatyp kan formaliseras som följer.
Som tidigare innehåller varje operation dess *namn* och dess *parametrar*:

1: VERTEX_COUNT(G)

2: VERTEX(G, i)

3: EDGE_COUNT(G, v)

4: EDGE(G, v, i)

5: FOLLOW_EDGE(G, v, e)

6: MARK_VERTEX(v)

7: UNMARK_VERTEX(v)

8: VERTEX_MARKED(v)

9: MARK_EDGE(e)

10: UNMARK_EDGE(e)

11: EDGE_MARKED(e)

8.4 Asymptotisk komplexitet

I det här avsnittet behandlar vi en mycket viktig egenskap hos en algoritm
nämligen dess *snabbhet*. Även om datorer blir snabbare för varje år så kommer
de aldrig att bli tillräckligt snabba, helt enkelt för att användarna kommer att
vilja lösa allt svårare problem. För övrigt är det så att för många algoritmer
så medför inte en dubbelt så snabb dator att man kan lösa ett dubbelt så stort
problem.

Av den anledningen är det absolut nödvändigt för datavetaren att välja den
algoritm som löser ett problem snabbast. Men vi har ett litet problem med detta
krav, nämligen att snabbheten hos en algoritm beror på datorn (vilken typ av
processor, vilken typ och kvantitet av minne, ibland vilken typ av skivminne).
Hur kan man då jämföra algoritmer med avseende på snabbhet om man inte
nödvändigtvis vet på vilken dator man avser använda dem?

Förutom att bero på datorn så beror snabbheten hos en algoritm givetvis också
på storleken på problemet som skall lösas. Så för att jämföra två algoritmer
så skulle vi dessutom behöva ange storleken på problemet som vi avser att
lösa, och resultatet av en jämförelse mellan flera algoritmer kan bero på denna
storlek.

Dessa frågor studeras i en gren av datavetenskap som kallas for *komplexitetsteori*. Här är vi speciellt intresserade av ett begrepp som kallas för *asymptotisk
komplexitet*.

Den grundläggande idén är att inte direkt mäta exekveringstiden utan att istället *räkna antalet elementära operationer* (additioner, subtraktioner, jämförelser, osv) som behövs för att exekvera algoritmen *som en funktion av problemets storlek*. Denna funktion kallas för algoritmens *tidsfunktionen*. Tyvärr så möjliggör inte tidsfunktionen en exakt kunskap om exekveringstiden, och således inte heller en exakt jämförelse mellan två algoritmer vad beträffar exekveringstid. Anledningen är att vissa elementära operation kan ta mer eller mindre tid att utföras beroende på datorn som algoritmen används på.

För att kringgå detta problem så utvecklade datavetarna *asymptotisk komplexitet*. När vi använder asymptotisk komplexitet så ger vi inte ett exakt värde på en algoritms exekveringstid, utan bara en uppskattning av den. Denna uppskattning skrivs som en bekant funktion som anger tidsfunktionens *allmänna form*.

Exempel: Låt oss ta en algoritm vars exekveringstid på en viss dator är $t(n) = 21n^3$, där n är problemets *storlek*. Om det handlar om en graf, så kan det till exempel handla om antalet hörn i grafen. Motsvarande asymptotiska komplexitet blir då n^3, dvs, vi glömmer bort konstanten 21 och tittar bara på den *allmänna formen* hos funktionen. Denna uppskattning tillåter oss att glömma bort skillnaden mellan olika datorer, för på en annan dator kan exekveringstiden kanske vara $t(n) = 5n^3$ eller $t(n) = 56n^3$, men datorer är tillräckligt likartade att den allmänna formen hos tidsfunktionen är densamma. Den asymptotiska komplexiteten är således n^3 oberoende typen av dator. Återigen så är det tyvärr så att uppskattningen som görs för att uppnå den asymptotiska komplexiteten tillåter oss inte att jämföra två algoritmer vars tidsfunktioner har samma allmänna form, men en sådan jämförelse är mycket svår *i alla fall*, givet skillnaden i exekveringstid av elementära operationer mellan olika typer av datorer. Det positiva resultatet av uppskattning är emellertid, som vi kommer att se här nedan, att det nu blir möjligt att jämföra två algoritmer vars tidsfunktioner har olika allmän form, och det blir meningsfullt att göra det utan att ta med i beräkningen skillnaden i exakt exekveringstid av elementära operationer mellan olika datorer.

Notationen som används för att visa att en uppskattning har gjorts av den exakta tidsfunktionen kallas *ordonotation*, och man använder bokstaven stora 'O'. Till exempel så säger man att en algoritm som har tidsfunktionen $t(n) = 21n^3$ har en asymptotisk komplexitet (eller bara *komplexitet*) $O(n^3)$, vilket uttalas "ordo n upphöjt till tre".

På grund av sättet på vilket den asymptotiska komplexiteten beräknas så tillåter den oss inte att skilja mellan två algoritmer vars tidsfunktion har samma allmänna form men med olika konstater framför. Men detta är avsiktligt, för en sådan jämförelse är inte nödvändigtvis meningsfull, givet att en av algoritmerna kan vara snabbare på en given dator, och den andra algoritmen kan vara snabbare på en annan dator. Den viktiga egenskapen vad det gäller asymptotisk komplexitet är således att den gör det möjligt att jämföra olika algoritmer vars tidsfunktion har *olika allmän form*.

Exempel: För att sortera en tabell med n tal i växande ordning så finns det en algoritm som kallas för *insertion sort* (insättningssortering) och som har asymptotiska komplexiteten $O(n^2)$. Det finns en annan algoritm som kallas *heap sort* (högsortering) vars komplexitet är $O(n \log n)$. Vilken är snabbare? Generellt sett har man att $O(n^2) > O(n \log n)$ vilket visar att *heap sort* är snabbare än *insertion sort*. Det är visserligen möjligt att *insertion sort* har en tidsfunktion $t(n) = 2n^2$, och att *heap sort* har en tidsfunktion $t(n) = 1000n \log_2 n$, så att för många värden på n, den senare tar längre tid. Lyckligtvis så är detta nästan aldrig fallet, och det är således rimligt att konstatera att *heap sort* är snabbare än *insertion sort*. Detta är framför allt sant när n är stort, och det är också det fallet som är det mest intressante för att välja en snabb algoritm. I exemplet här ovan så är $2n^2$ större än $1000n \log_2 n$ för värden på n som är större ca 6000. Med andra ord, om tabellen som skall sorteras har fler än ca 6000 element (vilket är ett ganska modest tal, så detta fallet inträffar ofta), så är algoritmen med komplexiteten $O(n \log n)$ snabbare än den med komplexiteten $O(n^2)$ även om konstanten i tidsfunktionen är 500 gånger större. Men återigen så inträffar detta nästan aldrig, så generellt sett är en algoritm med komplexiteten $O(n \log n)$ nästan alltid snabbare än en algoritm med komplexiteten $O(n^2)$ även om n är förhållandevis litet, till exempel runt 10 eller 20.

En viktig målsättning med att studera algoritmer är att hitta algoritmer som är snabba vad beträffar asymptotisk komplexitet. Ibland är det till och med möjligt att bevisa att en viss algoritm är *optimal* i det att ingen annan algoritm med bättre komplexitet kan finnas. Vad gäller sortering, till exempel, så kan man bevisa att om vi bara tillåts att jämföra två element för att se vilket som är störst, så kan det inte finnas någon algoritm med en bättre komplexitet än $O(n \log n)$. Ett sådant resultat är av mycket stor vikt, för det gör det möjligt att undvika onödigt arbete för att försöka hitta en snabbare algoritm när en snabbare algoritm omöjligen kan finnas.

8.5 Övningar

Övning 8.1. *Tänk dig att du skall sortera en kortlek. Till att börja med är hela kortleken i en enda hög, med baksidan av varje kort uppåt. Du kan använda högst två högar till förutom den ursprungliga, och du tillåts titta bara på det översta kortet i varje hög. Efter att ha tittat på två godtyckliga toppkort så kan du bestämma dig för att flytta det ena eller det andra till en annan hög. Uppfinn en algoritm som, när den stannar, lämnar alla korten sorterade i en enda hög. Var är komplexiteten hos din algoritm?*

Övning 8.2. *Anta att du är i en labyrint av rum som är anslutna till varandra med tunnlar. Alla rum är helt lika förutom antalet dörrar som kan variera från ett rum till ett annat. En dörr leder till en lång tunnel som slutar i ett annat rum. Din uppgift är att räkna hur många rum det finns. Du har med dit ett mycket stort antal pärlor med samma färg och form. Du kan lämna en pärla i ett rum eller i en tunnel och du kan plocka upp en pärla som du tidigare lämnat. Uppfinn en algoritm för detta problem. Kan du uppskatta komplexiteten hos din algoritm?*

Kapitel 9

Grafalgoritmer

I det här kapitlet studerar vi ett antal grafalgoritmer. Vi använder de båda abstrakta datatyperna som vi behandlade i Kapitel 8, och vi analyserar dess inflytande på komplexiteten hos algoritmen som uppnås.

9.1 Graden hos ett hörn

Den första algoritmen vi presenterar är en enkel algoritm för att beräkna *graden* hos ett hörn. (Se Definition 5.6.) Att beräkna graden hos ett hörn är relativt enkelt om man använder den hörncentrerade abstrakta datatypen, och en aning svårare om man använder den kantcentrerade abstrakta datatypen. Vi börjar med den kantcentrerade abstrakta datatypen som visas i Algoritm 9.1.

Algoritm 9.1.
In: En graf G som använder den kantcentrerade abstrakta datatypen och ett hörn v.
Ut: Graden av v i G.
Algoritm:

1. *Initiera en ackumulator till 0.*

2. *Använd operationen $EDGE\_COUNT(G)$ för att ta reda på $|E(G)|$, och lagra resultatet i variabeln med namnet ec.*

3. För i från 0 till ec − 1

   (a) Använd operationen EDGE(G, i) för att få tag i kant nummer i i G, och lagra resultatet i variabeln med namnet e.

   (b) Använd operationen EDGE_END(G, e, 1) för att få tag i det första hörnet som berör e i G, och lagra resultatet i variabeln med namnet w.

   (c) Om v = w så addera 1 till ackumulatorn.

   (d) Använd operationen EDGE_END(G, e, 2) för att få tag i det andra hörnet som berör e i G, och lagra resultatet i variabeln med namnet w.

   (e) Om v = w så addera 1 till ackumulatorn.

4. Returnera värdet av ackumulatorn.

I Algoritm 9.1 så använder vi begreppet *ackumulator* vilket bara är en *lokal variabel* som innehåller någon storhet som skall räknas under det att algoritmen exekveras. I det här fallet så innehåller ackumulatorn *bidraget* (Se Definition 5.5.) till graden av ett hörn från de kanter som har behandlats hittills. Typiskt så initierar man ackumulatorn så att den innehåller värdet 0, som i Algoritm 9.1.

Efter det att ackumulatorn initierats så exekverar Algoritm 9.1 en *slinga* för varje kant i grafen. I slingans centrala del så tittar man på de båda hörnen som berör kanten, och om endera är hörnet vars grad skall beräknas, så adderar man 1 till ackumulatorn. Om kanten är en ögla så att de båda hörnen som berör kanten är ett och samma hörn, och detta hörn råkar vara det hörn vars grad skall beräknas så adderar man 1 två gånger i den här iterationen av slingan.

Slutligen returnerar Algoritm 9.1 ackumulatorns innehåll.

Det är uppenbart så att den centrala delen av slingan exekveras lika många gånger som det finns kanter i grafen. Det är inte goda nyheter, för om grafen är stor, så även om graden hos varje hörn är liten, så kommer Algoritm 9.1 att ta avsevärd tid för att beräkna graden hos ett enda hörn.

Om vi använder den hörncentrerade abstrakta datatypen så är det lättare att beräkna graden hos ett hörn, inte i den meningen att algoritmen är kortare, utan att den är snabbare. Algoritm 9.2 visare metoden.

Algoritm 9.2.
In: En graf G som använder den hörncentrerade abstrakta datatypen och ett hörn v.
Ut: Graden hos v i G.
Algoritm:

1. *Initiera en ackumulator till 0.*

2. *Använd operationen* ***EDGE_COUNT(G, v)*** *ta reda på antalet kanter som berör v i G, och lagra resultatet i variabeln med namnet ec.*

3. *För i från 0 till ec − 1*

    (a) *Addera 1 till ackumulatorn.*

    (b) *Använd operationen* ***EDGE(G, v, i)*** *för att få tag i kant nummer i av kanterna som berör hörnet v i G, och lagra resultatet i variabeln med namnet e.*

    (c) *Använd operationen* ***FOLLOW_EDGE(G, v, e)*** *för att få tag i det andra hörnet som berör e i G, och lagra resultatet i variabeln med namnet w.*

    (d) *Om v = w så addera 1 till ackumulatorn.*

4. *Returnera värdet av ackumulatorn.*

I motsats till Algoritm 9.1, så undersöker inte Algoritm 9.2 varje kant i grafen, och i själva verket så är det svårt med hörncentrerade abstrakta datatypen att göra det. Istället undersöker den bara kanter som berör det hörn för vilket graden skall beräknas.

Återigen så börjar Algoritm 9.2 med att initiera en ackumulator. Sedan exekverar den en slinga för varje kant som berör hörnet. Det är givetvis så att en kant som berör hörnet måste bidra med någon positiv kvantitet till graden hos hörnet (Se Definition 5.5.), så Algoritm 9.2 kan alltid lägga till 1 till ackumulatorn i varje iteration av slingan. Men det är möjligt att kanten bidrar med 2 enheter till graden hos hörnet, och så är fallet om kanten är en ögla. Algoritm 9.2 detekterar detta genom att titta på det andra hörnet av kanten. Om de båda hörnen som berör kanten är ett och samma hörn så läggs ytterligare 1 enhet till ackumulatorn.

Slutligen så returnerar Algoritm 9.2 värdet av ackumulatorn.

Från komplexitetssynpunkt så är Algoritm 9.2 avsevärt snabbare än Algoritm 9.1. Anledningen till denna skillnad ligger i skillnaden mellan de två abstrakta datatyperna. Den kantcentrerade abstrakta datatypen gör det lätt att få tillgång till grafens alla kanter, men den gör det svårt att upptäcka vilka kanter som berör ett visst givet hörn (något som vi behöver för att beräkna ett hörns grad), medan den hörncentrerade abstrakta datatypen innehåller operationer för just det ändamålet. Det följer att *för det här problemet* så ger den hörncentrerade abstrakta datatypen en snabbare algoritm. För andra problem är det den kantcentrerade abstrakta datatypen som ger en snabbare algoritm.

Komplexiteten hos Algoritm 9.2 kan uttryckas som $O(d)$, där d är hörnets grad. I värsta fall så berör alla kanter hörnet för vilket vi önskar veta graden, så i värsta fall har den här algoritmen också komplexiteten $O(|E(G)|)$.

Det vore ganska enkelt att lägga till en primitiv operation till de båda abstrakta datatyperna som omedelbart ger graden hos ett hörn. Graden kan helt enkelt lagras tillsammans med varje hörn, vilket skulle ge komplexiteten $O(1)$ för den här operationen i de båda abstrakta datatyperna.

9.2 Medelgrad

Enligt Definition 5.6 så är graden hos ett hörn lika med summan av bidragen (Se Definition 5.5.) till hörnet från varje kant i grafen. Vad beträffar detta avsnitt så definierar vi en grafs *medelgrad* så här:

Definition 9.1. Medelgraden *hos en graf G, noterat* $\overline{d}(G)$ *är:*

$$\overline{d}(G) = \frac{\sum_{v \in V(G)} d_G(v)}{|V(G)|}$$

Syftet med detta avsnitt är att hitta olika algoritmer för att beräkna medelgraden hos en graf.

För den *kantcentrerade* abstrakta datatypen så är det nästan trivialt. Vi tillämpar helt enkelt Teorem 5.1 som ger oss $\sum_{v \in V(G)} d_G(v)$ som funktion av $|E(G)|$ och sedan dividerar vi denna kvantitet med $|V(G)|$.

Här är en mera konventionell beskrivning av algoritmen:

Algoritm 9.3.
In: En graf G som använder den kantcentrerade abstrakta datatypen.
Ut: Medelgraden hos G.
Algoritm:

1. *Använd operationen* **VERTEX_COUNT(G)** *för att ta reda på* $|V(G)|$, *och lagra resultatet i variabeln med namnet vc.*

2. *Använd operationen* **EDGE_COUNT(G)** *för att ta reda på* $|E(G)|$, *och lagra resultatet i variabeln med namnet ec.*

3. *Multiplicera ec med 2 för att få summan av graderna som Teorem 5.1 kräver, och lagra resultatet i variabeln med namnet ec.*

4. *Dividera ec med vc och returnera resultatet.*

Den här algoritmer är ovanligt enkel. Den innehåller varken tester eller slingor. I själva verket är exekveringstiden konstant, oberoende av grafens storlek (det vill säga antalet kanter). När så är fallet så uttrycker man att komplexiteten som $O(1)$. Detta betyder att den allmänna formen hos tidsfunktionen är densamma som en konstant funktion $f(n) = 1$, dvs en funktion som ger 1 för varje värde av argumentet n. En sådan algoritm är optimal. Vi har således hittat den bästa algoritmen för att beräkna medelgraden hos en graf. Tyvärr är algoritmen möjlig bara för den kantcentrerade abstrakta datatypen.

Om vi istället använder den hörncentrerade abstrakta datatypen så måste vi utforska varje hörn för att beräkna summan av graderna. Här är en möjlig algoritm:

Algoritm 9.4.
In: En graf G som använder den hörncentrerade abstrakta datatypen.
Ut: Medelgraden hos G.
Algoritm:

1. *Initiera en ackumulator till* 0.

2. *Använd operationen* **VERTEX_COUNT(G)** *för att ta reda på* $|V(G)|$, *och lagra resultatet i variabeln med namnet vc.*

3. *För i från 0 till vc − 1*

   (a) *Använd operationen* VERTEX(G, i) *för att få tag i hörn nummer i i G, och lagra resultatet i variabeln med namnet v.*

   (b) *Använd Algoritm 9.2 för att beräkna graden hos v, och lagra resultatet i variabeln med namnet deg.*

   (c) *Addera innehållet i variabeln deg till ackumulatorn*

4. *Dividerar ackumulatorn med vc and returnera resultatet.*

Komplexiteten hos Algoritm 9.4 är aningen knepig att beräkna, för det är lätt att få en för stor uppskattning. Algoritm 9.4 innehåller en slinga med $|V(G)|$ iterationer. I varje iteration anropas Algoritm 9.2 och, som vi förklarade i Avsnitt 9.1 så är komplexiteten av den algoritmen i värsta fall $O(|E(G)|)$ om man använder den hörncentrerade abstrakta datatypen. Kombinationen av dessa två värden tycks ge komplexiteten $O(|V(G)| \cdot |E(G)|)$ för Algoritm 9.4, men detta värdet kan aldrig uppnås, för det kräver att varje kant berör varje hörn, vilket bara kan vara fallet för mycket små grafer. En mera optimistisk (och mera precis) uppskattning av komplexiteten hos Algoritm 9.4 är $O(|E(G)| + |V(G)|$. Som vi förklarade i Avsnitt 9.1 så är komplexiteten hos Algoritm 9.2 i själva verket $O(d)$ där d är graden av hörnet för vilket graden skall beräknas. Eftersom Algoritm 9.4 anropar Algoritm 9.2 för varje hörn så kan det totala antalet iterationer bara vara $O(|E(G)|$ (Se Teorem 5.1.) förutom att vi måste kompensera för hörn som har graden 0 (det tar inte 0 tid för att beräkna graden hos ett hörn med graden 0). Så för att beräkna komplexiteten hos Algoritm 9.4 så måste vi också tillåta en viss tid för varje hörn, ifall det råkar finnas många hörn som inte berör någon kant. Den bästa uppskattningen av komplexiteten hos Algoritm 9.4 är således $O(|E(G)| + |V(G)|$.

9.3   Sammanhängande graf

I det här avsnittet studerar vi ytterligare ett algoritmiskt problem, nämligen problemet att avgöra om en graf är *sammanhängande*. Syftet är att uppnå en algoritm som för en given graf G svarar "ja" om G är *sammanhängande* och "nej" om inte.

En enkel metod skulle vara att använda Definition 5.10 direkt, och att kontrollera om det finns en promenad mellan varje par av hörn v_1 och v_2. Vi tar nu en mera detaljerad titt på den här metoden.

För båda abstrakta datatyperna så blir algoritmen:

Algoritm 9.5.
In: En graf G.
Ut: Ett logiskt värde som anger huruvida G är sammanhängande eller inte.
Algoritm:

1. *Använd operationen* **VERTEX_COUNT(G)** *för att ta reda på $|V(G)|$, och lagra resultatet i variabeln med namnet vc.*

2. *För i från 0 till vc − 1*

    (a) *Använd operationen* **VERTEX(G, i)** *för att få tag i hörn nummer i i G, och lagra resultatet i variabeln med namnet v.*

    (b) *För j från 0 till vc − 1*

        i. *Använd operationen* **VERTEX(G, j)** *för att få tag i hörn nummer j i G, och lagra resultatet i variabeln med namnet w.*

        ii. *Kontrollera om det finns en promenad mellan v och w.*

        iii. *Om inte, returnera värdet falskt, eftersom G inte är sammanhängande.*

3. *Returnera sant, för om vi kommer hit utan att ha returnerat falskt, så måste det finnas en promenad mellan varje par av hörn.*

Observera att den här algoritmen använder sig av en icke-elementär operation, nämligen "Kontrollera om det finns en promenad mellan v och w". Detta är inte något problem, förutom att:

1. Vi måste konstruera en algoritm för den här operationen.

2. Vi måste vara försiktiga när vi beräknar komplexiteten hos Algoritm 9.5, för vi måste ta med i beräkningen komplexiteten hos underalgoritmen som den anropar.

Låt oss således se hur vi kan lösa problemet med att hitta en promenad mellan ett godtyckligt par av hörn v och w. Algoritmen som erhålles beror på vilken abstrakt datatyp som vi väljer.

Men innan vi tittar på möjliga lösningar så behöver vi ytterligare en definition:

Definition 9.2. *En promenad* $P = v_1, e_1, v_2, e_2, \ldots, v_n, e_n, v_{n+1}$ *kallas en* stig *om och endast om* $\forall i, j \in [1, n]$, $v_i = v_j \Rightarrow i = j$ *och* $\forall i, j \in [2, n+1]$, $v_i = v_j \Rightarrow i = j$.

Definition 9.2 säger att om platserna i och j i en promenad är samma, så är i och j också samma. Med andra ord, "ett hörn kan bara förekomma en gång i promenaden". Så för att en promenad skall vara en stig så kan den inte gå igenom ett visst hörn två gånger. Undantagsvis tillåter Definition 9.2 det *första* och det *sista* hörnet att vara ett och samma hörn, och i så fall är stigen en *cykel*.

Vi använder oss utav Definition 9.2 för att skapa ett teorem som skall hjälpa oss att hitta en promenad mellan två hörn i en graf.

Teorem 9.1. *I en graf* G, *om det finns en promenad mellan hörnet* $v \in V(G)$ *och hörnet* $w \in V(G)$, *så finns det en* stig *mellan* v *och* w.

Bevis. Låt $P = v_1, e_1, v_2, e_2, \ldots, v_n, e_n, v_{n+1}$ vara promenaden mellan de två hörnen $v = v_1$ och $w = v_{n+1}$. Om P redan är en stig så finns det trivialt en stig mellan v och w. Om inte (dvs, om P inte är enkel) så finns det enligt Definition 9.2, antingen två hörn v_i och v_j så att $i, j \in [1, n]$, för vilka $i \neq j$ men $v_i = v_j$ eller också så finns det två hörn v_i och v_j så att $i, j \in [2, n+1]$, för vilka $i \neq j$ och $v_i = v_j$. Antag att $i < j$ (om inte så byter vi rollerna hos de två). Då kan vi skriva P på följande sätt:
$$P = v_1, e_1, \ldots, v_i, e_i, \ldots, v_j, e_j, \ldots, v_n, e_n, v_{n+1}.$$

Då kan vi använda P för att konstruera en kortare promenad P' i vilken antalet förekomster av hörnet $v_i = v_j$ är färre än antalet förekomster av hörnet $v_i = v_j$ i P, genom att ta bort delen $e_i, \ldots, v_j$ från P. Vi erhåller
$$P' = v_1, e_1, \ldots, v_i, e_j, \ldots, v_n, e_n, v_{n+1}.$$

Det är självklart att P' är kortare än P. Att antalet förekomster av v_i är mindre är också klart. Men hur kan vi vara säkra på att P' är en promenad? För att göra det måste vi igen ta en titt på Definition 5.9. I den definitionen så är det nödvändigt att varje kant måste vara omgiven av hörn som berör den. I P' så är detta självklart fallet för alla kanter förutom e_j som ej längre har v_j till vänster om sig. Lyckligtvis så är $v_i = v_j$, vilket löser problemet.

Vi kan nu helt enkelt repetera metoden med att förkorta promenaden tills den är en stig. □

Det här beviset är annorlunda för det inte bara visar att en stig existerar, men det visar också *hur man kan konstruera* en sådan stig från en promenad. Ett sådant bevis, dvs ett bevis som inte bara visar att något objekt existerar, men som också visar en metod för att konstruera objektet kallas ett *konstruktivt bevis*. Ett konstruktivt bevis är alltid mera uppskattat av datavetare än ett bevis som bara visar att ett visst objekt existerar. Anledningen är att datavetaren ofta kan använda ett sådant bevis för att konstruera en algoritm för att hitta objektet (men vi kommer inte att använda oss av den möjligheten i det har fallet). För övrigt är ett konstruktivt bevis mera övertygande än bara ett existensbevis.

Vi använder Teorem 9.1 för att konstruera en algoritm som hittar en *stig* istället för en godtycklig promenad. En algoritm som hittar en stig är inte bara snabbare än en algoritm som hittar en godtycklig promenad, men den är också lättare att konstruera och att förstå.

Teorem 9.2. *I en graf G så finns det en stig mellan två hörn v och w om och endast om antingen $v = w$ eller så finns det en stig mellan ett hörn v' som är granne med v (Se Definition 5.3.) så att stigen mellan v' och w inte innehåller v.*

Bevis. Det här teoremet är aningen svårt att bevisa. Först och främst så innehåller teoremet meningen "om och endast om", så vi måste bevisa både "om" och "endast om". Oftast bevisar man dem separat.

("om"): Vi måste bevisa att OM antingen $v = w$ eller det finns en stig mellan v' och w (där v' är granne med v) som inte innehåller v, Så finns det en stig mellan v och w. Om $v = w$ så finns det trivialt en stig mellan v och w, nämligen stigen $P = v$. Om det finns en stig mellan ett hörn v' granne med v och w som inte innehåller v så kan vi skriva den stigen så här: $P = v', \ldots, w$. Låt e vara någon kant (det kan finnas flera) som berör både v och v'. Enligt definitionen av *granne* (Se Definition 5.3.) och *berör* (Se Definition 5.1.) så vet vi att en sådan kant existerar. Från P, v och e kan vi konstruera $P' = v, e, v', \ldots, w$. Det är uppenbart att P' är en promenad eftersom villkoren vad gäller beröring är uppfyllda. Vidare är P' en stig för P är en stig och v förekommer inte i P. Vi kan konstatera att P' är en stig mellan v och w, vilket avslutar "om"-delen av beviset.

("endast om"): Vi måste bevisa att om det finns en stig mellan två hörn v och w så är antingen $v = w$ eller också finns det en stig mellan något hörn v' granne med v och w som inte innehåller v. För att bevisa det så tittar vi på längden av stigen P som finns mellan v och w. Om stigen innehåller ett enda hörn (dvs $P = v$) så kan vi tillämpa definitionen av promenad (Se Definition 5.9.) och konstatera att $v = w$. I annat fall (om P innehåller mer än ett hörn) så kan vi skriva stigen $P = v, e, v', \ldots, w$ (möjligen med $v' = w$). Vi vet att $P' = v', \ldots, w$ är en enkel väg mellan v och w. Enligt definitionerna 5.9 och 5.3 så måste v och v' vara grannar, vilket avslutar den här delen av beviset. $\square$

Vi kan nu börja tänka på en algoritm för att hitta en stig mellan två hörn v och w. Här är ett försök:

Algoritm 9.6.
In: En graf G och två hörn $v, w \in V(G)$.
Ut: Ett logiskt värde som anger huruvida det finns en stig som bara innehåller omarkerade hörn mellan v och w i G.
Sidoeffekter: Vissa hörn kan markeras av exekveringen av algoritmen.
Algoritm:

1. *Om $v = w$ så returnera värdet sant.*

2. *Använd operationen MARK_VERTEX(v) för att markera hörnet v.*

3. *För varje hörn v' granne med v*

   (a) *Använd operationen VERTEX_MARKED(v') för att kontrollera huruvida hörnet v' är markerat.*

   (b) *Om det inte är markerat:*

      i. *Kontrollera om det finns en stig mellan v' and w.*

      ii. *Om så är fallet, returnera sant.*

> *4. Vi kommer hit om ingen stig har hittats mellan hörnen v' granne med v och w. Returnera falskt.*

Algoritm 9.6 är mycket mera komplicerad än de algoritmer vi studerat så här långt. Till att börja med så är den *rekursiv*, dvs i algoritmen som är avsedd att kontrollera om det finns en stig så använder vi samma algoritm för att kontrollera om det finns en stig. Med rekursiva algoritmer är det viktigt att vi ser till att de alltid *stoppar*. I annat fall, enligt Avsnitt 8.1 så är det inte en algoritm. Vi kommer emellertid inte att bevisa att algoritmen alltid stoppar.

Ytterligare en komplicerande faktor är att algoritmen så som den är beskriven inte alltid gör vad vi avsåg att den skulle göra, nämligen att returnera *sant* om och endast om det finns en stig mellan v och w. Istället returnerar den *sant* om och endast om det finns en enkel väg mellan v och w *som bara innehåller omarkerade hörn*. De båda är samma bara om vi ser till att alla hörnen är omarkerade före det första anropet, så vi måste komma ihåg att respektera detta villkor innan vi försöker använda Algoritm 9.6. Anledningen att vi vill konstruera en algoritm som inte gör precis vad vi vill är att genom att modifiera den en aning så kan vi använda den i rekursiva anrop.

I Algoritm 9.6 så har vi även undanhållit ytterligare en komplicerande faktor. Algoritmen innehåller instruktionen "För varje hörn v' granne med v", men det är inte så enkelt som det ser ut. Med den kantcentrerade abstrakta datatypen så har vi inte direkt tillgång till grannarna. För den kantcentrerade abstrakta datatypen måste vi således skriva något i still med:

Algoritm 9.7.
In: En graf G och två hörn $v, w \in V(G)$.
Ut: Ett logiskt värde som anger huruvida det finns en stig som bara innehåller omarkerade hörn mellan v och w i G.
Sidoeffekter: Vissa hörn kan markeras av exekveringen av algoritmen.
Algoritm:

1. *Om $v = w$ så returnera värdet sant.*

2. *Använd operationen MARK_VERTEX(v) för att markera hörnet v.*

3. *Använd operationen EDGE_COUNT(G) för att ta reda på $|E(G)|$, och lagra resultatet i variabeln med namnet ec.*

4. *För i från 0 till ec − 1*

   (a) *Använd operationen* EDGE(G, i) *för att få tag i kant nummer i i G, och lagra resultatet i variabeln med namnet e.*

   (b) *Använd operationen* EDGE_END(G, e, 1) *för att få tag i det första hörnet som berör e i G, och lagra resultatet i variabeln med namnet a.*

   (c) *Använd operationen* EDGE_END(G, e, 2) *för att få tag i det andra hörnet som berör e i G, och lagra resultatet i variabeln med namnet b.*

   (d) *store nil in v′.*

   (e) *Om a = v och b ≠ v så lagra b i v′.*

   (f) *Om b = v och a ≠ v så lagra a i v′.*

   (g) *Om v′ ≠ nil then*

       i. *Använd operationen* VERTEX_MARKED(v′) *för att kontrollera huruvida hörnet v′ är markerat.*

       ii. *Om det inte är markerat:*

           A. *Kontrollera om det finns en stig mellan v′ and w.*

           B. *Om så är fallet, returnera sant.*

5. *Vi kommer hit om ingen stig har hittats mellan hörnen v′ granne med v och w. Returnera falskt.*

Om vi använder den hörncentrerade abstrakta datatypen så är algoritmen snabbare och enklare:

Algoritm 9.8.

In: En graf G och två hörn v, w ∈ V(G).
Ut: Ett logiskt värde som anger huruvida det finns en stig som bara innehåller omarkerade hörn mellan v och w i G.
Sidoeffekter: Vissa hörn kan markeras av exekveringen av algoritmen.
Algoritm:

1. *Om v = w så returnera värdet sant.*

2. *Använd operationen* MARK_VERTEX(v) *för att markera hörnet v.*

3. *Använd operationen* EDGE_COUNT*(G, v) ta reda på antalet kanter som berör v i G, och lagra resultatet i variabeln med namnet ec.*

4. *För i från* 0 *to* $ec - 1$

   (a) *Använd operationen* EDGE*(G, v, i) för att få tag i kant nummer i av kanterna som berör hörnet v i G, och lagra resultatet i variabeln med namnet e.*

   (b) *Använd operationen* FOLLOW_EDGE*(G, v, e) för att få tag i det andra hörnet som berör e i G, och lagra resultatet i variabeln med namnet v'.*

   (c) *Använd operationen* VERTEX_MARKED*(v') för att kontrollera huruvida hörnet v' är markerat.*

   (d) *Om det inte är markerat:*

      i. *Kontrollera om det finns en stig mellan v' and w.*

      ii. *Om så är fallet, returnera sant.*

5. *Vi kommer hit om ingen stig har hittats mellan hörnen v' granne med v och w. Returnera falskt.*

Vad gäller den asymptotiska komplexiteten hos dessa algoritmer, låt oss titta närmare på den kantcentrerade abstrakta datatypen (Algoritm 9.7). Exekveringstiden beror på antalen hörn i stigen mellan v och w. Det är möjligt att en sådan stig är kort, men algoritmen kommer i alla fall att utföra en slinga för varje kant i grafen. Således är exekveringstiden minst proportionell mot antalet kanter i grafen, eller om vi använder ordo-notation så kan vi uttrycka exekveringstiden som $O(|E(G)|)$. I allmänhet är exekveringstiden ännu större emellertid, eftersom den också beror på antalet hörn.

Låt oss nu ta en titt på Algoritm 9.5 som kontrollerar om an graf är sammanhängande. Den har två slingor, den ena innuti den andra, och var och en exekveras för varje hörn i grafen. Varje gång den innersta slingan exekveras så anropas Algoritm 9.7 eller Algoritm 9.8 för att hitta en stig. Komplexiteten är således minst $O(|V(G)|^2|E(G)|)$. Med andra ord så är exekveringstiden proportionell mot kvadraten på antalet hörn multiplicerat med antalet kanter. Detta är inte bra. Ta till exempel ett telekommunikationsföretag som kan ha millioner abonnenter (hörn) och en million möjligheter att ringa (kanter). Denna situation skulle ge 10^{18} operationer att exekvera. Även om vi antar att datorn kan exekvera en elementär operation per klockcykel (vilket är osannolikt), och att datorn kan exekvera 10^9 klockcykler per sekund (helt möjligt) så skullet det ta 10^9 sekunder av datortid att kontrollera att varje kund kan ringa till varje annan kund. Givet att ett år har ca $3 \cdot 10^7$ sekunder så skulle denna kontroll ta ca 30 års beräkning. Det verkliga värdet är alldeles säkert mycket högre.

Det är således uteslutet att föreslå en sådan algoritm för ett telekommunikationsföretag. Men vad kan man göra?

Svaret ligger återigen i ett teoretiskt resultat om grafer. Problemet med exekveringstiden ligger i att vi använder Definition 5.10 direkt. Vi visar nu ett resultat som gör att vi kan förbättra situationen avsevärt.

Teorem 9.3. *En graf G är sammanhängande om och endast om det finns en promenad från ett godtyckligt hörn $v \in V(G)$, till varje annat hörn i G.*

Bevis. ("om"): Vi måste bevisa att om det finns en promenad från ett godtyckligt hörn $v \in V(G)$ till varje annat hörn i G så är G sammanhängande. Definitionen av sammanhängande (Se Definition 5.10.) kräver att $\forall v_1, v_2 \in V(G)$ det finns en promenad mellan v_1 och v_2. Frågan är således: Är det så att om det finns en promenad från ett godtyckligt hörn $v \in V(G)$ till varje annat hörn i G så $\forall v_1, v_2 \in V(G)$ det finns en promenad mellan v_1 och v_2?

För den här delen av beviset använder vi ett motsägelsebevis, dvs vi antar att det finns en promenad från ett godtyckligt hörn $v \in V(G)$ till varje annat hörn i G men $\exists v_1, v_2 \in V(G)$ utan någon promenad mellan v_1 och v_2, och sedan visar vi att detta antagandet leder till en logisk motsägelse.

Vårt antagande säger att det finns ett par v_1 och v_2 utan någon promenad mellan dem. Fördelen med ett motsägelsebevis är att vi bara behöver titta på ett sådant par. Vi vet att det finns en promenad mellan v och varje annat hörn. Det måste således finnas en promenad mellan v och v_1 och en promenad mellan v och v_2. Låt oss ta en titt på dessa promenader $P_1 = v, \ldots, v_1$ och $P_2 = v, \ldots, v_2$. Först undersöker vi den omvända vägen av P_1, dvs $\overline{P_1} = v_1, \ldots, v$. Det står klart att $\overline{P_1}$ är en promenad mellan v_1 och v. Nästa steg är att undersöka sammansättningen av $\overline{P_1}$ och P_2, i.e., $\overline{P_1}P_2 = v_1, \ldots, v, \ldots, v_2$. $\overline{P_1}P_2$ är en promenad mellan v_1 och v_2 vilket motsäger antagandet att ingen sådan promenad existerar, vilket avslutar den första delen av beviset.

("endast om"): Vi måste bevisa att om grafen är sammanhängande så finns det en promenad från ett godtyckligt hörn $v \in V(G)$ till varje annat hörn i G. Denna delen är trivial, för enligt Definition 5.10 så finns det en promenad från varje hörn till varje annat hörn, och då givetvis också från v till varje annat hörn.

Eftersom vi nu bevisat både "om" och "endast om" så är beviset klart. □

Med resultatet av Teorem 9.3 kan vi nu förbättra Algoritm 9.5 som följer:

Algoritm 9.9.
In: En graf G.
Ut: Ett logiskt värde som anger huruvida G är sammanhängande.
Algoritm:

1. *Använd operationen VERTEX(G, 0) för att få tag i hörn nummer 0 i G, och lagra resultatet i variabeln med namnet v.*

2. *Använd operationen VERTEX_COUNT(G) för att ta reda på $|V(G)|$, och lagra resultatet i variabeln med namnet vc.*

3. *För i från 0 till $vc - 1$*

   (a) *Använd operationen VERTEX(G, i) för att få tag i hörn nummer i i G, och lagra resultatet i variabeln med namnet w.*

   (b) *Kontrollera om det finns en promenad mellan v och w.*

   (c) *Om inte, returnera med värdet falskt.*

4. *Returnera med värdet sant, för om vi kommer hit så finns det en promenad från v till varje annat hörn.*

Den yttre slingan från Algoritm 9.5 har ersatts av en enda operation för att få tillgång till hörn nummer 0 i G. För en graf med 10^6 hörn så har vi förbättrat exekveringstiden med en faktor 10^6. Om Algoritm 9.5 för ett visst givet problem tar 30 år (ca 10^9 sekunder) att exekvera så kan vi vänta oss att Algoritm 9.9 tar ca 10^3 sekunder, eller ca 17 minuter.

Den här förbättringen i exekveringstid är minst sagt imponerande, och den var möjlig bara för att vi tog tid att bevisa ett användbart teorem som gjorde det möjligt att konstruera en bättre algoritm. Men vi kan uppnå ytterligare förbättringar.

För att inse detta, så kan man observera att om Algoritm 9.9 behandlar grafen i Figur 9.1 med början i v_0 så kommer den först att gå från v_0 till v_1, sedan från v_0 till v_2 varvid den igen besöker v_1, sedan från v_0 till v_3 varvid den går från v_0 till v_2 igen varvid den återigen besöker v_1, osv.

Figur 9.1: Sammanhängande graf.

För att undvika dessa återbesök så kan vi använda oss av det faktum att om det finns en promenad från v till u som går igenom t och en promenad från t till w, så finns det en promenad från v till w. Vi kan således undvika att söka ifrån v i varje iteration så kan vi söka ifrån vilket hörn som helst som har en promenad ifrån v. Vi visar den förbättrade algoritmen bara för den hörncentrerade abstrakta datatypen.

Algoritm 9.10.
In: En graf G med minst ett hörn, och med alla hörn omarkerade.
Ut: Ett logiskt värde som anger huruvida G är sammanhängande.
Sidoeffekter: Alla hörn som kan nås från hörn nummer 0 markeras.
Algoritm:

1. *Använd operationen* **VERTEX(G, 0)** *för att få tag i hörn nummer 0 i G, och lagra resultatet i variabeln med namnet v.*

2. *Anropa funktionen* **mark_from** *(se nedan) med G och v som argument.*

3. *Använd operationen* **VERTEX_COUNT(G)** *för att ta reda på $|V(G)|$, och lagra resultatet i variabeln med namnet vc.*

4. *För i från 0 till $vc - 1$*

   (a) *Använd operationen* **VERTEX(G, i)** *för att få tag i hörn nummer i i G, och lagra resultatet i variabeln med namnet w.*

> *(b) Använd operationen* `VERTEX_MARKED(w)` *för att kontrollera huruvida hörnet w är markerat.*
>
> *(c) Om w inte är markerad, returnera med värdet falskt.*

5. *Om vi kommer hit så är varje hörn markerat. Returnera med värdet sant.*

Nu måste vi ange funktionen `mark_from`. Det är bara ytterligare en algoritm som tar en graf G och ett hörn v som indata, och som markerar varje hörn u i G som har en promenad mellan v och u.

Algoritm 9.11.
In: En graf G med alla hörn omarkerade, och ett hörn v.
Ut: Inget.
Sidoeffekter: Alla hörn som kan nås från v markeras.
Algoritm:

1. *Använd operationen* `VERTEX_MARKED(v)` *för att kontrollera huruvida hörnet v är markerat.*

2. *Om det är markerat, gör ingenting.*

3. *Annars:*

   (a) Använd operationen `MARK_VERTEX(v)` *för att markera hörnet v.*

   (b) Använd operationen `EDGE_COUNT(G, v)` *ta reda på antalet kanter som berör v i G, och lagra resultatet i variabeln med namnet ec.*

   (c) För i från 0 till ec − 1

      i. Använd operationen `EDGE(G, v, i)` *för att få tag i kant nummer i av kanterna som berör hörnet v i G, och lagra resultatet i variabeln med namnet e.*

      ii. Använd operationen `FOLLOW_EDGE(G, v, e)` *för att få tag i det andra hörnet som berör e i G, och lagra resultatet i variabeln med namnet w.*

      iii. Anropa `mark_from` *rekursivt med argumenten G och w.*

Låt oss undersöka komplexiteten hos Algoritm 9.10. Varje hörn besöks som mest två gånger; en gång för att markera det och en andra gång för att kontrollera att det är markerat. Varje kant besöks som mest två gånger; en gång för att konstatera att det motsatta hörnet inte är markerat och en andra gång för att konstatera att det motsatta hörnet *är* markerat.

Med den analysen erhåller vi komplexiteten $O(|V(G)| + |E(G)|)$, dvs exekveringstiden är proportionell mot antalet hörn och antalet kanter i grafen. Detta är antagligen en förbättring av en faktor 10^5 med avseende på Algoritm 9.9 om man tar exemplet ovan. Om således Algoritm 9.9 kan ge vårt telekommunikationsföretag ett svar på 17 minuter (10^3 sekunder), så kan Algoritm 9.10 göra samma sak på 10^{-2} sekunder, eller 10 millisekunder. Om vi jämför denna tid med exekveringstiden på 30 år som vår första algoritm krävde så är förbättringen mer än imponerande; den är helt spektakulär.

Kanske tycker läsaren att en sådan förbättring är alltför spektakulär för att vara realistisk. Men i själva verket är det mycket vanligt att observera sådana förbättringar mellan en dålig och en bra algoritm. I ett fall som författaren känner till så var det möjligt för en kollega att förbättra exekveringstiden av huvudalgoritmen som ett företag använde från ca en vecka till bara ett par sekunder för typiska problem.

Det är faktiskt ofta så att programmerare som saknar teoretisk utbildning utvecklar programvarulösningar med dåliga prestanda, helt enkelt för att de inte har tillräckliga kunskaper i teoretisk datavetenskap som krävs för att hitta en effektiv lösning. Slutresultatet är ofta oacceptabelt och medför ofta förluster för företaget som kan mätas i milliontals kronor. Vinsten som företaget räknade med genom att anställa tämligen lågkvalificerade programmerare har således ätits upp flera gånger om.

9.4 Eulergrafer

I det här avsnittet konstruerar vi en algoritm som kontrollerar huruvida en graf är en Eurlergraf. (Se Definition 6.1.) Vi visar algoritmen bara för den hörncentrerade abstrakta datatypen.

Från Teorem 6.2 i Avsnitt 6.4 vet vi att för att en graf skall vara en Eulergraf så måste den vara sammanhängande och antalet hörn med en udda grad måste vara 0 eller 2. I Avsnitt 6.5 lärde vi oss att dessa villkor också är tillräckliga. Från Avsnitt 9.3 vet vi hur man kontrollerar om en graf är sammanhängande, och från Avsnitt 9.1 vet vi hur man beräknar graden hos ett hörn. Vi kan använda följande algoritm för att beräkna antalet hörn med udda grad:

Algoritm 9.12.
In: En graf G.
Ut: Antalet hörn med udda grad.
Algoritm:

1. *Initiera en ackumulator till 0.*

2. *Använd operationen VERTEX_COUNT(G) för att ta reda på $|V(G)|$, och lagra resultatet i variabeln med namnet vc.*

3. *För i från 0 till vc − 1*

   (a) *Använd operationen VERTEX(G, i) för att få tag i hörn nummer i i G, och lagra resultatet i variabeln med namnet v.*

   (b) *Anropa Algoritm 9.2 för att beräkna graden hos v i G genom att ge den argumenten G och v och genom att spara resultatet i variabeln d.*

   (c) *Om d är udda så lägg till 1 till ackumulatorn.*

4. *Returnera värdet av ackumulatorn.*

Genom att använda algoritm 9.12 och Algoritm 9.10 så är det nu enkelt att konstruera en algoritm för att kontrollera huruvida en graf är en Eulergraf. Detaljerna får bli en övningsuppgift.

9.5 Övningar

Definition 9.3. *En ögla är en kant som berör ett enda hörn.*

Övning 9.1. *Använd den hörncentrerade abstrakta datatypen för att konstruera en algoritm som räknar antalet öglor i en given graf G.*

Definition 9.4. *En multipel kant i en graf $G = (V, E, \phi)$ är en kant e så att $\exists f \in E$ så att $e \neq f, \phi(e) = \phi(f)$.*

Övning 9.2. *Använd den hörncentrerade abstrakta datatypen för att konstruera en algoritm som räknar antalet multipla kanter i en given graf G.*

Övning 9.3. *Använd den kantcentrerade abstrakta datatypen för att konstruera en algoritm som räknar antalet multipla kanter i en given graf G.*

Definition 9.5. *Vi definierar en Hamiltoncykel i en graf G som en cykel $C = v_1, e_1, v_2, e_2, \ldots, v_n, e_n, v_1$ så att $\{v_1, v_2, \ldots, v_n\} = V(G)$ och $\forall i, j \in [1, n], v_i = v_j \Rightarrow i = j$.*

Med andra ord så måste cykeln innehålla varje hörn i grafen, och varje hörn måste förekomma exakt en gång i cykeln. Det finns emellertid inget villkor att varje kant måste förekomma.

Övning 9.4. *Bevisa att en Hamiltoncykel inte kan innehålla en ögla. (Se Definition 9.3.)*

Övning 9.5. *Konstruera en algoritm som letar efter en Hamiltoncykel i en godtycklig graf G.*

Övning 9.6. *Bevisa att i ett oriktat träd (Se Definition 7.9.) så finns det högst en promenad mellan två godtyckliga hörn.*

Övning 9.7. *Förenkla Algoritm 9.8 för fallet då vi vet att grafen är ett oriktat träd. (Se Definition 7.9.)*

Del III

Programmering

Kapitel 10

Programmering

För att kunna uppskatta användbarheten av de metoder och tekniker som behandlas i denna delen av boken så måste läsaren först få en idé om hur livet i programvaruindustrin ser ut. Vi nämner en aktivitet som vi kallar "programmering" i programvaruindustrin, och med vilken vi menar att skapa programvarutillämpningar som skall säljas antingen till andra företag eller till individer.[1] Avsikten med det här kapitlet är att ge läsaren en sådan idé.

10.1 Livscykeln för programvara

I litteraturen nämns ofta en *livscykel* hos ett programvarusystem. Man menar då alla faser av utvecklingen av systemet, från att ange kundens behov vad beträffar systemet, till att göra systemet till en färdig produkt, och slutligen till att skrota systemet, och kanske ersätta det med ett förbättrat system.

Livscykeln innehåller ett flertal aktiviteter i olika faser av utvecklingen, framför allt:

- Analysera kundens behov.

---

[1]Det finns givetvis många programmeringsaktiviteter som pågår utanför programvaruindustrin, i form utav så kallad FLOSS (Free, Libre, Open-Source Software), dvs program som fritt kan användas, kopieras och förbättras av vem som helst.

- Konstruera systemets övergripande arkitektur.

- Konstruera individuella moduler i systemet.

- Programmera.

- Kontrollera att varje modul fungerar (enhetstest).

- Kontrollera att systemet fungerar som helhet (integrationstest).

- Korrigera defekter som upptäckts.

- Dokumentera systemet.

- osv.

Dessa aktiviteter är inte listade kronologiskt. Att korrigera defekter är ofta blandat med programmering eller konstruktion, och att skriva dokumentation görs ofta parallellt med andra aktiviteter.

Vidare så slutar inte livscykeln hos ett programvarusystem när det har levererats till kunden eller sålts i en affär. Det fortsätter att utvecklas på olika sätt. Defekter kan korrigeras efter leverans och kan sedan levereras till kunderna eller göras tillgängliga för nerladdning. Nya funktioner kan läggas till och nya versioner kan skapas. Aktiviteter som pågår efter den första leveransen av ett system kallas gemensamt för *programvaruunderhåll*, eller bara *underhåll*.

Enligt många källor i litteraturen så svarar underhåll för så mycket som 80% av den totala kostnaden för ett system. Bland dessa aktiviteter så är det att lägga till nya funktioner som tar mest tid och energi. För att underhållet skall kunna förenklas så är det viktigt att programvaran är *välskriven* och *underhållsbar*.

Reglerna som garanterar att programvarusystem är underhållsbara och återanvändbara är komplicerade och allför många för att vi skall kunna behandla dem här, men vi behandlar några få regler som måste respekteras för att programmen skall anses som välskrivna.

10.2 Programmeringsaktivitetens syfte

Efter vad vi behandlat i föregående avsnitt kan vi nu fråga oss vad syftet kan vara med programmering som aktivitet för programvaruutveckling. För en nybörjare kan denna fråga tyckas konstig, för det är ju ändå så att syftet med programmering är att skriva ett program (dvs en sekvens av instruktioner) som uppfyller en specifikation, dvs att skriva ett program som gör vad det är avsett att göra.

Trots det är svaret inte så enkelt. Programmeringsaktiviteten har flera syften:

- Programmet skall vara korrekt, dvs det skall överensstämma med specifikationen.

- Det skall vara effektivt, dvs det skall använda effektiva algoritmer.

- Det skall vara underhållsbart och återanvändbart.

- Det skall vara enkelt att använda.

- Kostnaden för att skriva det skall vara låg.

- Det skall ha så få defekter som möjligt, eller med andra ord så skall det ha hög kvalitet.

- Tiden för att skriva det skall vara kort.

Många av dessa syften är motsägande. Metoder för att hitta rimliga kompromisser mellan dessa syften studeras av ett område besläktat med datavetenskap som kallas *systemutvecklingsmetodik.*

I den här boken så koncentrerar vi oss på syftet att ett program skall vara underhållsbart. Varför skall man föredra att ett program skall vara underhållsbart och inte att det skall vara korrekt? Anledningen är att:

- Ett program som är underhållsbart men inte korrekt kan (tack vare att det är underhållsbart) relativt lätt korrigeras så att det överensstämmer med specifikationen, medan

- Ett program som är korrekt men inte underhållsbart måste oftast kastas bort när nya funktioner skall läggas till, och arbetet med att skriva programmet är då bortkastat.

Vi skall bara behandla en liten del av underhållsbarhet som kallas *läsbarhet*. Läsbarheten hos ett program avgör hur enkelt programmet kan läsas och förstås av en programmerare.

Det är således att föredra att tänka på programmeringsaktiviteten som en *kommunikationsaktivitet mellan två människor*, nämligen personen som skriver programmet och personen som försöker förstå det genom att läsa det. Under utvecklingen av ett programvarusystem måste programmeraren först och främst komma ihåg att programmet måste kunna läsas och förstås av personen som till slut kommer att underhålla det. I den här boken anser vi att huvudsyftet med programmeringsaktiviteten är att skriva underhållsbara, och således läsbara, program.

10.3   Gemensam kultur

Det kan tyckas svårt att veta huruvida ett program är läsbart om man inte vet vilken person som till slut kommer att läsa det, eller vilka kunskaper den personen besitter. Detta är också den vanligaste situationen, för när programmeraren skriver sitt program så har man troligtvis inte än utsett personen som skall underhålla det, och man har kanske inte ens anställt den personen än.

Programvaruunderhållet kompliceras ytterligare, för det är troligt att programmeraren som skriver den första versionen av ett program relativt snart byter arbetsuppgifter inom företaget, eller till och med slutar för att arbeta för ett annat företag. Denna rörlighet är normal inom programvaruindustrin. Det är sällsynt att en programmerare blir kvar i samma företag mer än ett par år.

Under sådana omständigheter, hur kan man fastställa generella regler för att ett program skall vara läsbart?

Svaret ligger i ett begrepp som vi kallar *gemensam kultur* bland programmerare. Alla programvaruutvecklare bör ha samma grundutbildning. Denna grundutbildning erhålles delvis genom kurser på högskolenivå. Men sådana kurser räcker inte till för att man skall kunna skapa en gemensam kultur bland programvaruutvecklare.

För att förstå varför, låt oss jämföra en programvaruutvecklare och en romanförfattare. De båda har i själva verket många saker gemensamt. Grundutbildningen för en romanförfattare innefattar språket som skall användas för att skriva romanerna, metoder för att bestämma personer, tekniker för att utveckla intrig och handling, och andra berättelsekunskaper. Men en roman skriven av en författare som inte gjort något annat än deltagit i grundutbildningen skulle vara tämligen ointressant. Grundutbildningen är kompletterad med att läsa och förstå romaner skrivna av andra författare, ofta ett hundratal romaner per år.

Situationen är precis samma för programvaruutvecklare. Grundutbildningen innefattar flera programspråk, metoder för att organisera programmet så att det är effektivt (algoritmer och datastrukturer), och regler från systemutvecklingsmetodik som är nödvändiga för att ett underhållsbart och återanvandbart program skall erhållas. Men som för romanförfattaren så är ett program skrivet av en programmerar som inte gjort något annat än att delta i grundutbildningen sannolikt ganska dåligt. Programmerarens grundutbildning måste kompletteras med att *regelbundet läsa program skrivna av experter*, föredragsvis flera tiotal sådana program per år, och föredragsvis skrivna i olika programspråk.

På det här sättet är det möjligt att skapa en gemensam kultur, dvs ett uttrycksätt som är gemensamt för alla programvaruutvecklare. En stor del av denna kultur består av något som vi kallar *programmeringsidiom*, dvs sätt att uttrycka sig i något programspråk med satser som anses vara idiomatiska.

För att förklara vad programmeringsidiom är så är det återigen användbart att jämföra med naturliga språk. Grammatiken hos ett naturligt språk som svenska bestämmer vilka meningar som anses som *grammatiska*. Men det är inte bara för att en mening är grammatisk som den verkligen används av utövarna av språket. I själva verket använder man bara en mycket liten del av de grammatiska meningarna, och dessa meningar sägs vara språkets *idiomatiska* meningar. För att ta ett enkelt exempel, på svenska kan man till exempel ha en tid hos en "ögonläkare", eller hos en "kardiolog", men man har inte tid hos en "hjärtläkare", även om "hjärtläkare" är grammatisk svenska. På svenska säger man "jag skall tvätta händerna" och inte "jag skall tvätta mina händer" som på vissa andra språk, även om den senare meningen är grammatisk. Det är viktigt

att inse att valet av idiomatiska meningar bland alla grammatiska meningar
är tämligen godtyckligt. Det finns således inte någon speciell lingvistisk an-
ledning att välja ett idiom framför något annat. En fråga (som kanske skulle
ställas av en person vars modersmål inte är svenska) som "varför kan jag säga
ögonläkare men inte hjärtläkare?" kan bara besvaras med "därför så är det".
Det finns ingen logiskt förklaring, utan bara en förklaring baserad på historia
och vilket val som tog överhand i sluttampen. För att kommunicera effektivt
med andra människor så är det viktigt att uteslutande använda idiomatiska
meningar. Om man använder icke-idiomatiska meningar så riskerar man att
förvilla läsaren, som i bästa fall måste stanna till för att fundera på vad för-
fattaren försöker säga, och i värsta fall riskerar att missförstå meningen, vilket
kan skapa situationer med mycket allvarliga konsekvenser.

Inom programvaruutveckling så finns det precis samma skillnad mellan gram-
matiska och idiomatiska meningar. De grammatiska meningarna är de som
språkstandarden säger är riktiga, och som därför en (felfri) kompilator måste
acceptera. Men liksom med naturliga språk så används bara en mycket liten
delmängd av de grammatiska meningarna, och av precis samma anledning som
för naturliga språk. Dessa meningar är de *idiomatiska meningarna* i program-
språket. Eftersom programmering kan ses som en *kommunikation* mellan en
programmerare och en (framtida) person som skall underhålla programmet,
så är det lika viktigt som med naturliga språk att kommunikationen flyter så
smidigt som möjligt. Programmeraren underlättar för andra genom att bara
använda idiomatiska meningar. Om programmeraren använder icke-idiomatiska
meningar så ödslar han i bästa fall tid för personen som skall underhålla pro-
grammet på grund av den extra tid det tar för personen att läsa och förstå
programmet, och i värsta fall kan det bli så att personen missförstår vad som
avsågs med programdefekter som påföljd vilket kan skapa mycket allvarliga
situationer.

Exempel: För att uttrycka att en slinga skall exekveras n gånger i program-
språket C, så skriver man alltid så här:

```
for (i = 0; i < n; i++)
    ...
```

Oerfarna C-programmerare misstar sig ofta och skriver ibland:

```
for (i = 1; i <= n; i = i + 1)
   ...
```

Resultatet (med vissa restriktioner) är detsamma, men den andra meningen är inte idiomatisk. En expert som läser den andra meningen får intrycket att författaren har en "utländsk brytning", och att författarens "modersmål" kanske är Pascal eller Fortran. Effekten är precis densamma som när en person med svenska som modersmål hör en mening som "jag skall tvätta mina händer" istället för "jag skall tvätta händerna", vilket får en att misstänka att talarens modersmål kanske är engelska.

10.4 Grundläggande programmeringsregler

Så att läsaren skall kunna vänja sig vid några grundläggande programmeringsregler så presenterar vi i det här avsnittet några sådana regler tillsammans med anledningen för deras existens. Senare, i kapitel 12, så tillämpar vi dessa regler i fallet med programspråket Python som vi använder i den här boken.

Som vi redan nämnt så koncentrerar vi oss på ett litet antal regler som gör program lättare att läsa och att förstå.

10.4.1 Likformiga mellanrum

Med *mellanrum* menar vi antalet blanktecken som används:

- Före eller efter en operator såsom '+' eller '='.

- Före eller efter kommatecken i en lista av objekt. Sådana objekt kan vara argument till en funktion eller variabeldeklarationer.

- Före eller efter en parentes (vänster eller höger), till exempel i en argumentlista.

- Före eller efter en hakparentes (vänster eller höger), till exempel som index i en vektor eller en matris.

- Före eller efter en klammerparentes (vänster eller höger).

För att ett program skall anses vara läsbart så måste sådana mellanrum allra minst vara *likformiga*, dvs samma överallt i programmet. Man kan fråga sig varför denna likformighet är viktig. Här är några svar:

- Somliga (många, i själva verket) programmerare som underhåller och läser program blir störda om det inte finns någon likformighet. Detta faktum är egentligen en tillräcklig anledning för att ha en sådan regel, för om läsaren blir distraherad så innebär detta att kommunikationen blir långsammare med förlust i form av tid och därför av pengar som resultat.

- En programutvecklare som skriver ett program utan att tillämpa likformiga mellanrum ger intrycket att vara dåligt organiserad. Det är svårt att lita på att en dåligt organiserad person kan producera ett korrekt program.

- Nybörjare tror ofta att bara kompilatorn skall läsa programmet. Detta antagande är fel i allmänhet. I en programmeringsomgivning såsom UNIX eller GNU/Linux så använder programmerarna ofta verktyg såsom `grep`, `awk`, `sed`, `Emacs`, osv, för att behandla program. Dessa verktyg är ofta mycket känsligare för variationer i mellanrum än kompilatorn. Om man använder icke-likformiga mellanrum så komplicerar man användningen av sådana verktyg, och i värsta fall kan de bli totalt oanvändbara.

Vissa programvaruutvecklare tror att mellanrum är en fråga om personlig smak, men i själva verket är det en av beståndsdelarna i den gemensamma kulturen bland programvaruutvecklare. En programmerare som inte respekterar reglerna för mellanrum som gruppen (dvs alla programmerare som använder ett visst programspråk) har bestämt, eller som inte använder likformiga mellanrum, kommer att ses som en dålig programmerare av sina mera erfarna kollegor.

10.4.2   Likformig och ekonomisk indentering

Med *indentering* avser vi antalet blanktecken i början på en rad programtext. Erfarna programutvecklare använder indentering för att visa den övergripande strukturen hos programmet för programmeraren som skall läsa och underhålla

programmet. Till exempel är det normalt att öka indenteringen på program-
satser i en slinga, för att klart och tydligt visa att var och en av dessa program-
satser exekveras i varje iteration av slingan.

Som tur är så kräver det programspråket (Python) som vi valt för den här bo-
ken strikta regler för indentering. (Se Kapitel 12.) Läsaren som redan använder
(eller funderar på att använda) något annat programspråk bör i alla fall ob-
servera dessa regler. Även om programspråket inte tvingar programmeraren att
använda vissa indenteringsregler så är det obligatoriskt att bestämma sådana
regler och att sedan respektera dem likformigt.

Kanske har läsaren redan sett *professionella* program (dvs program skrivna
av programmerare vars lön väsentligen härstammar ifrån programvaruutveck-
ling) i vilka indenteringen och kanske också mellanrummen inte är likformiga.
Detta missförhållande visar inte att likformig indentering kan väljas bort, utan
istället att ett mycket stort antal professionella programmerare inte är *expert-
programmerare*. I själva verket är det så att vad gäller programvaruutveckling
så är adjektivet *professionell* inte nödvändigtvis sammanbundet med *kvalité*.
Andledningen till denna situation är att väldigt många professionella program-
varuutvecklare inte har någon utbildning i datavetenskap.

Med *ekonomisk indentering* menar vi att indenteringen inte skall ödsla för mån-
ga blanktecken i början på en rad. Men varför är detta viktigt? Jo, det är så
att om det är många blanktecken i början på en rad så måste en instruktion
ofta brytas upp till flera rader, och om man bryter en instruktion så ökar det
totala antalet rader i programmet. Eftersom en skärm bara kan visa ett fast och
begränsat antal rader i taget så blir det då färre instruktioner som samtidigt
kan visas, så att personen som läser och underhåller programmet kan se färre
instruktioner. Och när denna person kan se färre instruktioner så är program-
met automatisk mindre läsbart, för det är viktigt för den personen att kunna
se så många instruktioner som möjligt (alltmedan andra programmeringsregler
fortfarande respekteras).

Många programmeringsstandarder föreslår att använda mellan 2 och 4 blank-
tecken för varje indenteringsnivå. Ett enda blanktecken är inte tillräckligt för
att man klart skall kunna skilja nivåerna, och fler än 4 behövs sällan. I vissa
programmeringsomgivningar så används ett tabulationstecken för att mark-
era indentering, speciellt i omgivningar i vilka ett sådant tecken motsvarar
4 blanktecken, men detta kan orsaka problem när ett program flyttas till en

annan omgivning.

10.4.3   Val av identifierare

Med *identifierare* i ett program avses namn som används för variabler, funktioner, typer, klasser och andra programelement. Dessa identifierare skall vara omedelbart förståeliga för programmeraren som skall läsa och underhålla programmet. Inom matematik (och likaså inom datavetenskap, som man kan se i bokens första del) så är det vanligt att använda identifierare med ett enda tecken, som till exempel v, e, n eller i.

Vid programvaruutveckling måste man vara försiktigare. I allmänhet så föredrar duktiga programmerare att välja mera meningsfulla identifierare, ofta med flera ord såsom `additional_vertex`, `incident_edge`, `number_of_cases`, osv. Vidare så oberoende av programmerarens modersmål kan tänkas vara så är det typiskt att välja engelska identifierare. Anledningen är att det blir mer och mer vanligt att projektgrupper har en internationell sammansättning, och då är engelska språket att föredra för programvaruutveckling. Det är i själva verket vanligt att företag som har huvudkontor i icke-engelskspråkiga länder trots allt har en generell regel att all intern kommunikation skall vara på engelska, och denna regel innefattar även programmering.

När vi talar om identifierare så använder vi ordet *meningsfull*, men för att vara meningsfull så behöver en identifierare inte nödvändigtvis ha många tecken i sig. Den gemensamma kulturen bland programmerare har utvecklat vissa *vanor* vad gäller korta identifierare.

Exempel:

- Identifierarna `i`, `j` och `k` används som räknare i slingor.

- Identifierarna `m` och `n` används ofta för att ange antalet iterationer i en slinga.

- Ofta när *räckvidden* är relativt liten så är det vanligt att använda den första bokstaven i typen som identifierare, som till exempel `v` för *vertex*, `e` för an *edge*, `p` för en person, etc.

- Vissa identifierare är praktiskt taget standardiserade i vissa programspråk, som till exempel `argc`, `argv` och `fd` programspråket C, eller `self` i många objektorienterade programspråk.

10.4.4 Kommentarer

Varje programspråk tillåter att man lägger till meddelanden i programtexten som är helt menade för programmeraren som skall läsa och underhålla programmet, och kompilatorn analyserar inte ens dessa meddelanden. Sådana meddelanden kallas för *kommentarer*. Det är vanligt att tro att ett program blir mera läsbart om antalen rader med kommentarer ökar, men detta är inte sant i allmänhet.

Först och främst är det viktigt att inse att innehållet i kommentarerna inte kan kontrolleras av kompilatorn. Det är således programmerarens ansvar att se till att kommentarerna överensstämmer med programkoden. Och som i varje situation där människor är ansvariga så kan det bli fel. I den första versionen av ett program så är det tämligen enkelt att få till en överensstämmelse mellan programkod och kommentarer, för kommentarerna skrivs ofta i efterhand och är baserade på programkoden. När ett program underhålls så blir det emellertid modifierat och då blir det svårare att garantera överensstämmelse. Ofta ändrar programmeraren i koden utan att lusläsa vidhängande kommentarer, vilket ger en (tyvärr mycket vanlig) situation i vilket kommentarerna ej längre motsvarar programkoden.

För att undvika detta problem så råder vi programmeraren att undvika *överflödiga kommentarer*, dvs kommentarer som inte underlättar förståelsen av programmet. Ett specialfall av överflödiga kommentarer är så kallade *parafraser*, dvs omskrivningar som repeterar programkodens mening på engelska.

Exempel:

```
i = 0 # set  i to zero
i = i + 1 # increment i
```

Den här typen av kommentarer skall undvikas för programkodens exakta mening är repeterad i kommentaren.

En annan typ av överflödiga kommentarer (som tyvärr ofta används av professionella programvaruutvecklare) är så kallade *funktionskommentarer* Det är en typ av kommentar som föregår definitionen av en funktion eller en procedur, och den visar funktionens namn och typ, antalet parametrar och deras typer, osv. I allmänhet ger den här sortens kommentar ett intryck av renhet och god organisation. Tyvärr är den också en källa till förvirring. Det är inte ovanligt att antalet, typen och ordningen av parametrarna till en funktion ändras med tiden när programmet underhålls, och då blir automatiskt kommentaren inaktuell för den motsvarar ej längre programkoden. Efter varje ändring av programkoden så måste därför programmeraren manuellt kontrollera kommentaren så att den fortfarande överensstämmer, och i annat fall ändra också kommentaren. När det är aktuellt med besparingar i kostnad och tid så är det lätt att sådana kontroller försummas.

Finns det då någon allmän regel att följa när man skall skriva kommentarer? Absolut! Man bör skriva en kommentar bara när man tror att den underlättar förståelsen av programmet för personen som skall underhålla det. Innan programmeraren skriver en kommentar är det således viktigt att tänka sig vara den personen, och att förståelsen underlättas med en kommentar. Det är då viktigt att inte underskatta kompetensen hos den personen, och att anta att han eller hon känner till den gemensamma kulturen.

I sammandrag således, så *kompletterar* kommentarer programkoden, och de är tänkta att läsas av samma person som skall läsa programkoden, och den personen skall också underhålla programmet. Kommentarer är aldrig tänkta att läsas av personer som inte förstår själva programkoden.

10.4.5   Abstraktion och upprepning

Ett viktigt begrepp för läsbarheten hos ett program är *abstraktion*. Vi kan definiera abstraktion som att *namnge en del av programmet för att undvika att upprepa det.*

Men varför vill vi undvika att upprepa programkod? Det finns flera anledningar:

- Om en del av ett program är upprepad så måster personen som underhåller programmet läsa och förstå den delen flera gånger. Genom att undvika upprepning så gör man livet lättare för den personen, och man sparar tid och pengar.

- När programkoden måste ändras, kanske för att man hade funnit en defekt som måste korrigeras, om det då finns flera kopior av den defekta koden (ofta med smärre variationer) så måste personen som underhåller programmet hitta alla sådana kopior, vilket kan vara svårt. Eftersom kopiorna ofta inte är exakta så är det ofta omöjligt att använda automatiska verktyg, så personen måste då manuellt inspektera stora delar av programmet för att hitta sådanana kopior. Om man undviker upprepning så kan personen som underhåller programmet känna sig säker på att en modifikation på ett enda ställe korrigerar defekten.

- Upprepning ökar den totala storleken på koden. En skärm kan således visa mindre verkligt innehåll då viss kod är upprepad. Återigen är det att föredra att låta läsaren se så mycket av koden som möjligt på en gång.

- Upprepning komplicerar *återanvändning* av koden. Det är mycket lättare att återanvända en del av ett program som har skrivits i form av en abstraktion såsom en funktion eller en klass.

Det finns flera typer av möjliga abstraktioner:

- Styrabstraktion i form av funktioner och procedurer.

- Typabstraktion ofta i form av klasser

- Syntaktisk abstraktion i form av makron.

Vad gäller materialet i den här boken så är styrabstraktion den viktigaste typen av abstraktion. Väsentligen är det så att när samma sekvens av instruktioner behövs mer än en gång så är det att föredra att skapa en funktion med ett namn. Det är då viktigt att välja ett betydelsefullt *namn* för abstraktionen.

10.4.6 Räckvidd hos identifierare

Med *räckvidden* hos en identifierare menar vi den del av programmet som kan nämna den identifieraren. Till exempel så är räckvidden hos en identifierare som används som lokal variabel i en funktion just den funktionen.

För att ett program skall vara så läsbart som möjligt så skall räckvidden hos identifierarna vara så liten som möjligt. Ju mindre räckvidd desto mindre programkod måste personen som underhåller programmet undersöka för att veta var och hur identifieraren används.

Den här regeln innebär automatiskt att man så mycket som möjligt bör undvika *globala identifierare*, dvs identifierare som kan nämnas var som helst i ett program. Regeln innebär också att det är att föredra att ha en identifierare som är lokal i ett *block* inom en funktion framför en identifierare som är lokal för hela funktionen.

10.5   Övningar

Övning 10.1. *Om du redan har skrivit ett litet program, ta en titt på det igen med tanke på reglerna som presenterats i det här kapitlet. Använder ditt program likformiga mellanrum? Använder det likformig indentering? Är identifierarna meningsfulla? Innehåller programmet upprepad kod? Har det överflödiga kommentarer?*

Kapitel 11

Programspråk

Det viktigaste verktyget när det gäller programmering är utan tvivel *program-språket* som används. Egenskaperna hos programspråket är viktiga för dessa egenskaper bestämmer strukturen hos programmet som skall skrivas, och strukturen i sin tur bestämmer huruvida programmet är läsbart och underhållsbart.

Det finns programspråk som är speciellt anpassade till vissa områden såsom databaser, grafiska gränssnitt, osv., men här behandlar vi bara så kallade *generella programspråk* som anses vara användbara inom de flesta områden.

Olika generella programspråk har olika egenskaper, men det är möjligt att urskilja vissa *kategorier* av språk som är likartade. Att välja ett programspråk för ett programutvecklingsprojekt är således ett mycket viktigt beslut som inte skall förhastas. En programutvecklare måste behärska flera, eller till och med flera tiotal, generella programspråk, eller åtminstone ha en allmän kunskap om deras övergripande struktur. Genom att känna till flera olika språk så kan programutvecklaren göra ett bra språkval, givet behoven för projektet.

Det finns en tendens hos nybörjare, och ibland även hos mera erfarna programmerare, att vilja hålla sig till ett visst programspråk, ofta det första som studerades, och att undvika andra språk. Psykologin har en förklaring till detta fenomen såsom ett allmänt motstånd mot att lära sig nya saker. Det är ju så att under lärotiden så riskerar personen att ses som inkompetent av sina medarbetare, medan om man använder något som man behärskar så ger det ett intryck av självsäkerhet, kanske med beundran från medarbetarna som resultat.

Programutvecklare måste motarbeta denna tendens. Området utvecklas så snabbt att det är absolut nödvändigt att lära sig nya saker hela tiden. En utvecklare som håller sig till ett enda språk och undviker andra som är obekanta, riskerar således att bli nedvärderad bland kollegor. Man måste i själva verket inte tänka på hur många språk man behärskar, utan istället hur många språk man lär sig *per år*.

11.1   Syntax och semantik

När en programvaruutvecklare vill veta något om ett programspråk är det inte nödvändigt att lära sig språket i detalj för att få ett grepp om vad det liknar. Utvecklaren kan istället etablera en *lista av egenskaper* (eller avsaknad av egenskaper) hos språket, och sedan jämföra listan med liknande listor för andra språk.

För att förstå hur detta fungerar måste vi först känna till de grunddelar i ett programspråk som är viktiga för programvaruutveckling. Först och främst måste man då skilja på språkets *syntax* och dess *semantik*. Syntaxen har att göra med den ytliga formen hos programmen som skrivs i språket. Syntaxen avgör om man använder klammerparenteser eller nyckelord såsom `begin` och `end` för att markera början och slutet på ett programblock. Semantiken, å andra sidan, avgör vad ett visst program *betyder*.

För en datavetare så är syntaxen hos ett programspråk nästan helt oviktig. I själva verket så blir man ganska snabbt van vid en ny syntax. Det finns visserligen språk vars syntax är extrem, till exempel ovanligt mångordig (COBOL) eller ovanligt koncis (APL). Men för de allra flesta programspråken så är syntaxen inget problem. En datavetare som vill känna till syntaxen hos ett visst språk kan nöja sig med en kort beskrivning i jämförelse med andra språk, både vad gäller likheter och stora skillnader.

Semantiken, å andra sidan, är *mycket* viktig. Ofta är det så att semantiken avgör om det är lätt eller svårt att skriva program som är underhållsbara. Framför allt bestämmer semantiken vilken *programmeringsstil* som språket tillåter, som till exempel *imperativ, funktionell,* eller *objektorienterad* programmering.

11.2 Ett språks egenskaper

Det finns i allmänhet flera egenskaper hos ett programspråk som gör att man kan beskriva det kortfattat.

Man kan beskriva *syntaxen.* Som vi redan nämnt så kan en sådan beskrivning göras som en jämförelse med andra språk. Om språket har en udda syntax så kan man beskriva de viktigaste delarna av den.

Ett programspråk som ofta använder *tilldelningssatser* kallas för ett *imperativt* språk, och en viktig del av semantiken hos ett programspråk är just *vad tilldelningssatsen betyder.* I vissa språk så är ett objekts *identitet* bevarad av en tilldelning. När så är fallet säger man att språket har *likformig referenssemantik,* eftersom tilldelningssatsen då behandlar *referenser* (som man även kallar *pekare*) och inte själva objekten. I andra språk *kopierar* tilldelningssatsen objekten, varvid man talar om *kopieringssemantik.*

Vissa språk kräver att programmeraren explicit återlämnar allokerat minne till systemet när det ej längre behövs. Då säger vi att programspråket använder sig av *manuell minneshantering.* Om, å andra sidan, programspråket är ansvarigt för att återlämna oanvänt allokerat minne till systemet så säger vi att språket har *automatisk minneshantering.*

Ytterligare en semantisk skillnad mellan olika språk har att göra med *typer* (heltal, teckensträngar, osv) hos de objekt som manipuleras av programmen. Vissa språk kräver att kompilatorn måste veta typen av objekt som skall lagras i en programvariabel, dvs före det att programmet exekveras. Sådana språk kallas *statiskt typade.* Om programmeraren dessutom måste ange dessa typer så säger man att språket är *explicit typat.* Om ett språk är statiskt typat, men kompilatorn har ansvaret för att fastställa typerna hos programvariablerna, så säger man att språket är *implicit typat.* Ett språk i vilket programvariablerna inte har någon typ (varken implicit eller explicit), utan bara *objekten* som lagras i dessa variabler, kallas för *dynamiskt typat.*

Ett ord som ofta används för att beskriva vilken sorts abstraktioner ett programspråk kan hantera, och vilken programmeringsstil som är lätt att uppnå

med ett visst språk är *programmeringsparadigm*. De vanligaste paradigmerna
är: *imperativ programmering, procedurell programmering, funktionell program-
mering, objektorienterad programmering* och *logikprogrammering.*

Ett språk i vilket huvudabstraktionen är en *procedur* kallas *procedurellt.* De
flesta traditionella *imperativa* programspråken är procedurella. Typiska sådana
språk är C och Fortran. Även om ett språk såsom C kallar sina procedurer för
funktioner så liknar dessa funktioner inte matematiska funktioner, så det är
fortfarande rätt att kalla dessa språk *procedurella.*

Ett språk i vilket huvudmetoden för att konstruera abstraktioner är en *funktion*
(dvs en procedur utan sidoeffekter så att den inte modifierar omgivningen i
vilken den anropades) kallas för ett *funktionellt språk.* Att programmera i ett
sådant språk handlar om att kombinera små funktioner för att skapa större
funktioner. Några exempel på sådana språk är ML, Haskell och Miranda.

Ett *objektorienterat* programspråk är ett språk i vilket huvudabstraktionen är
ett *objekt.* Exempel på sådana språk är Java, C#, JavaScript och Self.

11.3 Andra viktiga utmärkande språkdrag

Då ett språk skall väljas för ett projekt så måste man ta med i beräkningen
några viktiga utmärkande drag hos språket, förutom dess egenskaper. (Se Avsnitt 11.2.)

11.3.1 Anskaffningskostnad

Det kan vara nödvändigt att anskaffa licenser för att använda vissa språksystem. För somliga kommersiella system är det inte ovanligt att man måste betala
en licensavgift för varje dator, varje processor eller varje användare.

Men för ett kommersiellt programmeringsprojekt så är anskaffningskostnaden
antagligen försumbar jämfört med andra kostnader såsom programmerarnas
löner. Vidare är det ofta möjligt att förhandla ett lägre pris om flera exemplar
skall anskaffas.

Nuförtiden finns det system för många programspråk som är tillgängliga som så kallad FLOSS (Free, Libre, Open-Source Software), vilket innebär (bland annat) att dessa system kan installeras kostnadsfritt på ett obegränsat antal datorer.

11.3.2 Leveranskostnad

Viktigare än anskaffningskostnaden är att vissa tillverkare av programutvecklingssystem kräver en avgift för varje exemplar av det utvecklade programmet som levereras till en kund. Denna avgift kan bli en avsevärd del av försäljningspriset för det utvecklade programmet.

En sådan avgift är oftast oförenlig med en produkt som skall distribueras genom gratis nerladdning.

Liksom vad beträffar anskaffningspris så är det ibland möjligt att förhandla en lägre leveranskostnad med tillverkaren, beroende på hur många kopior som skall levereras av den färdiga produkten.

11.3.3 Språkstandard

När man väljer ett programspråk för ett projekt så är det viktig att övertyga sig själv att språket och/eller systemet kommer att finnas till i framtiden. Om så inte är fallet kan det bli nödvändigt att skriva om stora mängder programkod i ett annat språk vid ett senare tillfälle.

Den bästa situationen är när ett språk har en *oberoende standard*, dvs en standardiseringsorganisation som är oberoende av tillverkarna av system har gett ut ett dokument som definierar varje detalj vad beträffar språket. Några exempel på sådana organisationer är ISO, ANSI, ECMA och IEEE. När ett språk har en sådan standard så är det ofta (men inte alltid) så att det finns *flera system* från olika tillverkare så att om en tillverkare upphör att finnas till så kan man införskaffa ett annat system för samma språk från en annan tillverkare.

Ibland finns det system som är tillgängliga i form av FLOSS[1]. I så fall har man en garanti att språket och systemet kommer att finnas till i framtiden, men det är fortfarande möjligt att språket självt förändras på godtyckligt vis

---

[1]FLOSS betyder Free, Libre, Open-Source Software.

i framtiden, så att vissa delar av programkoden måste skrivas om i den nya versionen, om man installerar nya versioner av systemet.

Vissa språk finns till i form av ett enda system, och språket ägs av samma företag som säljer systemet. Denna situation är mycket riskabel för en stor investering i form av programkod kan bli värdelös om antingen företaget upphör att finnas till, eller om företaget beslutar att ej längre tillhandahålla systemet.

11.4 Egenskaper hos vissa programspråk

11.4.1 C

Programspråket C är ett traditionellt imperativt språk i den så kallade *Algol*-familjen. Det är statiskt och explicit typat. Minneshanteringen är manuell. Språket har ett stort antal operatorer. Det tillåter abstraktioner i form av procedurer och funktioner och (med stor svårighet) är det möjligt att skapa syntaktiska abstraktioner i form av makron. Språket konstruerades för *systemprogrammering*, dvs lågnivåprogrammering där programmeraren fullständigt behärskar objekten i datorns minne. Språket är mindre praktiskt för tillämpningsprogrammering, men det används ändå ofta på det sättet. Tack vare operationer på en tämligen låg abstraktionsnivå så är maskinkoden som de flesta kompilatorer genererar mycket snabb.

11.4.2 C++

Programspråket C++ är en *objektorienterad* utvidgning av C. (Se Avsnitt 11.4.1.) För att vara mera exakt så är C++ ett *klassbaserat* objektorienterat språk. I ett klassbaserat språk så används begreppet *klass* för att beskriva en mängd *objekt* av samma *typ*. (Se Avsnitt 8.2 för mer information om datatyper.) Tack vare klassbegreppet kan man erhålla så kallad *polymorfism* som är väsentlig för att programkoden skall vara underhållsbar. Polymorfism hjälper till att minska den kunskap en viss del av ett program har vad beträffar andra programdelar, så att förändringar kan göras lokalt, utan att andra programdelar berörs.

Det faktum att C++ använder manuell minneshantering är en nackdel vad gäller tillämpningsprogrammering. Men språket tillåter programmeraren att bestämma semantiken hos många funktioner såsom tilldelning och överföring av parametrar. Denna komplexitet gör att språket är kanska svårt att behärska till fullo.

11.4.3 Fortran

Programspråket Fortran är ett av de äldsta programspråken som fortfarande används. Med tiden har språket anpassats till nya programmeringsstilar såsom dynamisk minnesallokering och pekare. Den senaste versionen är från 2010. Fortran är ett imperativt språk som, tack vare begränsade uttrycksmöjligheter, medger att kompilatorn kan generera mycket snabb maskinkod, speciellt för program som använder många aritmetiska beräkningar.

11.4.4 Java

Java är ett ganska nytt språk. Det drar nytta av den sammanlagda erfarenheten vad gäller andra språk, och från forskning inom området programspråk. Resultatet är ett språk som är ganska välanpassat för tillämpningsprogrammering. Språket är statiskt och explicit typat. Syntaxen liknar C++. Semantiken är emellertid totalt annorlunda. Java använder sig av *likformig referenssemantik*, medan C++ använder sig av *kopieringssemantik*.

Java har *automatisk minneshantering*. Språket har en maskinkod som är oberoende av datorns arkitektur, vilket gör att kompilerad kod kan transporteras över ett nätverk för slutlig exekvering på en annan dator.

11.4.5 ML

Programspråket ML är ett funktionellt språk som är statiskt men implicit typat, och tack vare det så kan kompilatorn skapa mycket snabb maskinkod utan att programmeraren behöver deklarera variablernas typ. Minneshanteringen är automatisk.

11.4.6 Lisp

Lisp är, tillsammans med Fortran, ett av de äldsta programspråk som fortfarande används. Liksom Fortran så utvecklas det ständigt. Nuvarande standard gavs ut år 1994. Språket är dynamiskt typat. Syntaxen är speciell, för den motsvarar hur programkod lagras internt, vilket gör *syntaktiska transformationer* som även kallas *makron* möjliga och praktiskt användbara. Lisp sägs vara ett *flerparadigmspråk* för det stödjer flera olika programmeringsstilar såsom *imperativ*, *funktionell* och *objektorienterad*. Lisp är ett *interaktivt språk*, som ofta används via en *interktionsslinga*. De flesta systemen skapar snabb maskinkod genom att kompilatorn behandlar små programdelar i taget.

11.4.7 Andra språk

Det finns givetvis också många andra språk. Vissa av dem är avsedda för ett speciellt ändamål, dvs en viss sorts tillämpning. Exempel på sådana språk är SQL för databaser och PostScript för att rita grafik. Andra språk är så kallade *skriptspråk* som är tänkta att användas för att programmera utvidgningar av tillämpningsprogram skrivna i mera konventionella språk. Exempel på sådana språk är Python och Ruby. Vissa språk är avsedda för web-tillämpningar som till exempel JavaScript som körs i en webläsare eller php som används för web-tillämpningar på server-sidan.

Nya språk uppfinns varje år. De allra flesta blir aldrig populära. Andra språk blir successivt utbytta mot nyare språk som kanske är bättre anpassade till sina ändamål. Andra utvecklas för att stödja nya programmeringsstilar och nya egenskaper, ibland under samma namn och ibland med ett annat namn. En programvaruutvecklare måste följa den här utvecklingen mycket nära så att han eller hon kan fatta optimala beslut vad gäller språket som skall användas för ett visst syfte.

11.5 Övningar

Övning 11.1. *Om du redan känner till något programspråk, svara på följande frågor för vart och ett:*

- *Finns det mer än ett system för språket?*

- *Om bara ett system finns, vilket företag, organisation eller person levererar systemet?*

- *Har språket en standard som definierar det?*

- *Om språket har en standard, vilket företag eller organisation ger ut standarden?*

- *Vem har makt att ge ut reviderade versioner av standarden?*

- *Är det samma företag eller organisation som tillhandahåller både systemet och språkstandarden?*

Kapitel 12

Programspråket Python

Det här kapitlet innehåller en introduktion till programspråket Python som vi valt för att illustrera programmeringsbegreppen i denna boken.

Python valdes för sin relativa enkelhet. På bara ett par minuter är det möjligt att se resultatet av en programkörning. Python kan användas antingen *interaktivt*, eller genom en *texteditor* vilket gör det möjligt för användaren att skriva mera kompletta program. Den interaktiva användningen är i så fall använd för *avlusning*, dvs för att köra programmet med syfte att leta efter och eliminera programdefekter.

12.1 Kortfattad beskrivning av språket

I andan av Avsnitt 11.4 ger vi nu en kortfattad beskrivning av programspråket Python.

Python är ett dynamiskt typat programspråk med automatisk minneshantering. Det är interaktivt i det att det kan användas med en kommandoslinga. Språket stödjer flera *programmeringsparadigmer*, för det kan användas inte bara för traditionell imperativ programmering, utan också för funktionell och objektorienterad programmering. Syntaxen är speciell eftersom *indentering är meningsfull* och påverkar programstrukturen.

12.2   Starta och stoppa Python

Som vi redan nämnt, så är Python ett *interaktivt* programspråk. Detta betyder att programmeraren hela tiden är i dialog med systemet. Kommandoslingan är ansvarig för att läsa, analysera och exekvera textrader som programmeraren knappar in.

För att starta systemet på en dator där det redan är installerat räcker det att knappa in `python` till operativsystemets kommandotolk, också kalla *skalet* ("shell" på engelska). Vi antar här att prompten är $.

```
$ python
Python 2.7.2+ (default, Oct  4 2011, 20:03:08)
[GCC 4.6.1] on linux2
Type "help", "copyright", "credits" or "license" for more info...
>>>
```

Exekveringen av operativsystemets kommandoprocessor är nu tillfälligt stoppad och programmeraren är nu i dialog med Python-systemet, vilket man tydligt ser för att prompten nu är >>> och ej längre $.

För att stoppa Python-systemet, använd kommandot ^d (dvs, control+d). För att göra det, tryck på tangenten märkt **Ctrl** (eller liknande) och tryck sedan samtidigt på tangenten **d**. Denna gest skickar ett filslutsmeddelande till Python som visar att dialogen är avslutad. Då slutar Python sin exekvering och prompten för operativsystemets kommandotolk visas återigen. På vissa system kan det vara nödvändigt att skriva `quit` och att sedan trycka på **RETUR**-tangenten (ibland märkt med en böjd pil).

12.3   Dialog med Python

12.3.1   Enkla instruktioner

Så snart man har startat Python-systemet så kan man skriva rader av programtext. I det enklaste fallet så motsvararar en rad text en enda Python-

instruktion. Sådana instruktioner måste följa Python-språkets *syntax*. Resultatet av exekveringen av en instruktion avgörs av språkets *semantik*. Ett specialfall av instruktion är ett *uttryck*. Ett uttryck är en kombination av *konstanter* (såsom tal), *variabler* och *operatorer* (såsom + för addition) som tillsammans visar hur ett *värde* skall beräknas. Om ett uttryck följs av ett radslut (vanligen genom att trycka på RETUR), så *evalueras* uttrycket, dvs dess värde beräknas. Detta värde visas sedan av Python. Exempel:

```
>>> 3 + 4 * 7
31
>>>
```

Det är således möjligt att använda Python som en interaktiv kalkylator. I exemplet ovan står tecknet '*' för operatorn för multiplikation.

Inte alla instruktioner är uttryck, som till exempel *tilldelningsinstruktionen*. Tecknet '=' används för tilldelning. Här är ett exempel:

```
>>> x = 4
>>> 5 + x
9
>>>
```

I exemplet ovan så är första raden en tilldelningsinstruktion. Den tilldelar värdet 4 till variabeln x. Den andra raden begär att uttrycket 5 + x skall evalueras. Värdet av det uttrycket beräknas och visas således.

Så här långt verkar allting enkelt. I själva verket så förutom tecknet som används för multiplikation så är notationen mycket lik den som används i matematik. Men det finns anledning att vara försiktig, för *semantiken* är helt olik semantiken hos ett matematiskt uttryck.

För att förstå hur Python (och de flesta så kallade *imperativa* programspråk) fungerar så måste man inse att en variabel motsvarar en *plats* i datorns minne. En tilldelningsinstruktion lägger ett värde på platsen som motsvaras av variabeln, medan ett uttryck som evalueras tittar på det värde som just nu lagrats på platsen. Inom matematiken så skulle följande exempel vara en motsägelse, medan det i Python är helt lagligt:

```
>>> x = 4
>>> x = 5
>>>
```

Den första instruktionen lägger värdet 4 på platsen som motsvarar variabeln x, och den andra instruktionen ersätter omedelbart det värdet genom att lägga värdet 5 där istället. Det gamla värdet 4 tappas bort. I tilldelningsinstruktionen så anges platsen (en variabel i det här exemplet) till vänster om tecknet =, och värdet som skall läggas på platsen erhålls genom att uttrycket till höger om tecknet = evalueras. Man kan således inte skriva (som man kan i matematik):

```
>>> 4 = x
SyntaxError: can't assign to literal
>>>
```

I det här fallet så säger Python att vi har ett syntaxfel.

Det är viktigt att inse att uttrycket till höger i en tilldelningsinstruktion helt evalueras innan dess värde tilldelas platsen som anges till vänster. Man kan således skriva instruktioner såsom:

```
>>> x = x + 1
>>>
```

som har effekten att lägga till 1 till värdet av variabeln x. Detta följer av värdet på platsen som motsvarar variabeln först används då uttrycket till höger evalueras. När uttrycket evalueras så läggs 1 till detta värde. Det slutliga värdet (dvs 1 plus begynnelsevärdet) tilldelas slutligen till variabeln x.

12.3.2   Sammansatta instruktioner

Uttryck och tilldelningar är exempel på *enkla instruktioner*. Det finns även *sammansatta instruktioner* som består av andra instruktioner. Ett exempel på en sådan instruktion är villkorsinstruktionen if. Den gör det möjligt att exekvera en utav två andra instruktioner enligt ett uttrycks värde. Här är ett exempel:

```
>>> x = 4
>>> if x > 3:
...     y = 2
... else:
...     y = 5
...
>>> y
2
>>>
```

I exemplet ovan märker man flera saker:

1. Den första raden består av en normal tilldelningsinstruktion.

2. Den andra raden är början på en villkorsinstruktion. Raden avslutas med tecknet ':' (kolon).

3. På tredje raden är prompten annorlunda, vilket visar att instruktionen inte är avslutad än.

4. Eftersom det handlar om en sammansatt instruktion så måste vi *indentera* instruktionen på tredje raden. Denna indentering markerar delen *så* (dvs den delen som skall exekveras om uttrycket är sant) av villkorsinstruktionen.

5. Delen *så* kan innehålla flera underordnade instruktioner med samma indentering. I vårt exempel finns det bara en underordnad instruktion, nämligen tilldelningsinstruktionen y = 2.

6. Villkorsinstruktionen kan ha en *annars* del som påbörjas med nyckelordet else återigen följt av tecknet ':'.

7. Liksom delen *så*, så kan delen *annars* innehålla flera underordnade instruktioner, återigen indenterade i förhållande till villkorsinstruktionen själv.

8. För att visa slutet på villkorsinstruktionen när man använder Python interaktivt så anger man en tom rad. När programmet först skrivs in i en fil så anges slutet av villkorsinstruktionen med en instruktion som har samma indentering som villkorsinstruktionen.

9. I vårt exempel, eftersom uttrycket är *sant* så kommer variabeln y att ha slutvärdet 2.

Andra exempel på sammansatta instruktioner är *slingor*, dvs instruktioner som medger att underordnade instruktioner exekveras flera gånger. Slingor är en viktig del av imperativ programmering. Det är i själva verket möjligt att beräkna vad som helst som en dator kan beräkna med hjälp av bara tilldelningsinstruktioner, villkorsinstruktioner, slingor och aritmetiska uttryck. Detta faktum är ett viktigt resultat från en gren av datavetenskap som kallas för *teorin för beräkningsbarhet* ("computability theory" på engelska).

En vanlig typ av slinga är den så kallade *medan*-slingan som exekverar underordnade instruktioner *medan* ett värdet på ett uttryck är *sant*. Här är ett exempel:

```
>>> fac = 1
>>> i = 1
>>> while i <= 6:
...     fac = fac * i
...     i = i + 1
...
>>> fac
720
>>>
```

I exemplet ovan använder vi en *medan*-slinga för att beräkna 6! dvs fakulteten av 6. De första två raderna tilldelar begynnelsevärden för de två variablerna `fac` och `i`. Variabeln `fac` kommer till slut att innehålla värdet som vi vill beräkna. Värdet på variabeln `i` ökas med 1 efter varje iteration av slingan. En sådan variabel kallas för *slingräknare* ("loop counter" på engelska). De underordnade instruktionerna, dvs `fac = fac * i` och `i = i + 1` repeteras så länge värdet av variabeln `i` är mindre än eller lika med 6.

12.3.3 Funktionsdefinitioner

Som vi nämnde i Avsnitt 10.4.5 så är det viktigt att skapa *abstraktioner* när man programmerar. I det här fallet skapas dessa abstraktioner i form av *funktioner* i Python.

En funktion i Python är olik en matematisk funktion på många olika sätt. I Python så är en funktion helt enkelt en följd utav instruktioner som exekveras då funktionen *anropas*. Funktionen kan *returnera ett värde* till funktionens anropare. Här är ett exempel:

```
>>> def fac(n):
...     f = 1
...     i = 1
...     while i <= n:
...         f = f * i
...         i = i + 1
...     return f
...
>>> fac(6)
720
>>> fac(7)
5040
>>>
```

I exemplet ovan definierar vi en funktion vid namn **fac** och som har en enda *parameter* vid namn **n**. Parametern fungerar som vilken normal variabel som helst, förutom att dess initialvärde bestäms av funktionens anropare, dvs instruktionen som kallar på funktionen. Den sista raden i funktionsdefinitionen betyder att värdet av variabeln **f** returneras till anroparen som anropets värde. Efter funktionsdefinitionen ser vi två anrop, det första med *argumentet* 6 och det andra med argumentet 7. Anropets argument är det värdet som används för initialvärde hos parametern.

Variablerna **f** och **i** och parametern **n** är *lokala variabler*, dvs de finns bara till under det att instruktionerna i funktionen exekverar. En variabel som även finns till före och efter det att en instruktionerna i en funktion exekveras kallas en *global variabel*. Det kan finnas en global och en lokal variabel med samma namn. De är två olika variabler (så de har olika platser i vilka värden lagras), men de råkar ha samma namn. Denna möjlighet illustreras av följande programsnutt (vi antar att definitionen av funktionen **fac** ovan finns till):

```
>>> f = 321
>>> fac(5)
120
>>> f
321
>>>
```

I exemplet ovan får den globala variabeln f initialvärdet 321. När funktionen
fac anropas så används den lokala variabeln f i funktionen fac för att la-
gra värdet av fakultetsfunktionen. Men efter det att funktionen fac avslutar
exekveringen så har den globala variabeln f fortfarande värdet 321. Lokala
variabler är väsentliga för programmering för de tillåter att funktioner blir
autonoma, dvs ett anrop till en funktion varken påverkar eller påverkas av
tilldelningar till globala variabler.

En funktion kan ha flera parametrar, med ett kommatecken emellan:

```
>>> def exp(a, b):
...      e = 1
...      i = 0
...      while i < b:
...          e = e * a
...          i = i + 1
...      return e
...
>>> exp(2, 6)
64
>>>
```

Den här funktionen beräknar värdet a^b för godtyckligt värde på a och ett
godtyckligt positivt heltal b.

12.4   Användning av Python från en fil

Det interaktiva funktionssättet för Python är utmärkt för att man skall kunna
testa funktioner så att man är säker på att de fungerar på rätt sätt. Men att

använda detta funktionssätt för att definiera funktioner är möjligt bara för mycket små funktioner. Även om funktionen bara har ett fåtal rader så är det lätt att knappa fel, vilket kräver att man skriver om hela funktionen.

För att undvika det problemet är det vanligt att arbeta med *filer* som innehåller definitioner av funktioner och globala variabler. En sådan fil kallas för en *modul* För att skapa en sådan modul använder man en *texteditor* som till exempel Emacs.

Om man använder Emacs för att skapa en fil som heter `utils.py` och som innehåller följande text:

```
def fac(n):
    f - 1
    i = 1
    while i <= n:
        f = f * i
        i = i + 1
    return f
```

så är den filen en Python-modul med namnet `utils`. För att använda sig av den här definitionen som del av en interaktiv dialog men Python så måste man *importera* modulen. Det finns två olika sätt att importera en modul. Det första sättet illustreras av följande programkod:

```
>>> import utils
>>> utils.fac(4)
24
>>>
```

Med den här metoden så laddas modulen, och globala identifierare (här `fac`) blir tillgängliga förutsatt att de föregås av modulens namn som i `utils.fac(4)`.

Om man vill undvika modulprefixet för identifierarna i modulen så kan man använda det andra sättet som illustreras av följande programkod:

```
>>> from utils import fac
```

```
>>> fac(4)
24
>>>
```

Med den här metoden kan funktionen **fac** användas direkt, utan modulprefix.

12.5   Programmeringsstil med Python

Som nämnts i Avsnitt 10.4 så finns det en samling grundläggande programmeringsregler vad beträffar (bland annat) indentering, mellanrum och namn på identifierare, och dessa regler beror ofta på vilket programspråk som används.

Här nedan behandlar vi några av dessa grundläggande regler som är specifika för språket Python.

12.5.1   Indentering

Varje underordnat block skall indenteras 4 positioner jämfört med omgivande block. Äldre Python-kod använder ibland 8 positioner, men nyskriven kod skall använda 4 positioner.

12.5.2   Mellanrum

Varje Python-operator skall vara omgiven av exakt ett blanktecken på varje sida, så vi skriver **x = 2 * a + b** (och inte **x = 2*a + b** eller **x=2*a+b**).

I en lista i vilket elementen separeras med kommatecken (såsom en parameterlista, en argumentlista, eller elementen i en datastruktur i Python såsom en lista, en mängd ("set" på engelska) eller ett lexikon ("dictionary" på engelska)) så är varje element utom det sista följt av ett kommatecken och sedan ett enda blanktecken. Vi skriver således **(a, 2 * b, c)** för en argumentlista och **["hello", 234, 567]** for en Python-lista.

12.5.3 Namn på identifierare

Identifierare som används som namn på vanliga variabler eller funktioner skrivs med bara små bokstäver.[1] Om identifieraren innehåller flera ord så separeras dessa med ett understrykningstecken ' _ '. Så skriver vi till exempel ett namn som `vertex_count` och inte `VERTEX_COUNT`, `vertexcount`, eller `VertexCount`.[2]

Klasser använder en annan typ utav namn. Deras namn börjar med en stor bokstav, och istället för att separera flera ord med understrykningstecken så börjar varje ord med en stor bokstav. Till exempel skriver man `VertexCenteredGraph` och inte `vertex_centered_graph`.[3]

12.6 Övningar

Övning 12.1. *Skriv en funktion* `is_prime_number(n)` *som returnerar* 1 *(sant) om heltalet* n *är ett primtal och* 0 *(falskt) annars.*

Övning 12.2. *Skriv en funktion* `binomial(n, p)` *som beräknar och returnerar binomialkoefficienten*

$$\left(\begin{array}{c} n \\ p \end{array} \right) = \frac{n!}{p!(n-p)!}$$

Använd inte definitionen av binomialkoefficient och funktionen `fac` *direkt; för den metoden kommer att kräva lång beräkningstid. Använd istället det förenklade bråket.*

---

[1]Bara bokstäver i det engelska alfabetet är tillåtna.

[2]Den här stilen är även den traditionella stilen för språken C och C++ och den har sedan tagits upp av många andra språk.

[3]Variationer på detta namngivningssätt används för programspråken Java och C#, och nyligen också för program skrivna i C och C++.

Kapitel 13

Grafprogrammering

I det här kapitlet använder vi oss av programspråket Python för att program-
mera några av de algoritmer vi utvecklade i Kapitel 9. Vi använder omväxlande
de två abstrakta datatyperna.

Det är värt att uppmärksamma att även om vi behandlar den asymptotiska
komplexiteten hos våra algoritmer så finns det ingen garanti att de operationer
som vi har ansett som elementära kan exekveras av Python i konstant tid. I
själva verket är det så att för vissa av dessa operationer så är det förmodligen
falskt. Och även om en operation exekverar i konstant tid så kan det vara
fallet att den inte är speciellt snabb. Allt detta beror på hur Python-systemet
konstruerats, vilket är en detalj som vi avsiktligt utelämnat från den här boken.

Python-koden som vi presenterar i det här kapitlet är inte nödvändigtvis id-
iomatisk, för syftet är inte att illustrera idiomatisk kod, utan att illustrera hur
grafalgoritmer kan programmeras. Således kan till exempel en instruktion som
den här:

```
if v == edge_end(G, e, 1):
    acc = acc + 1
```

i själva verket skrivas så här:

```
if v == edge_end(G, e, 1):
```

```
acc += 1
```

och till och med så här:

```
acc += v == edge_end(G, e, 1)
```

Men vi använder oss inte av denna möjlighet för vi föredrar att programkoden är läsbar även för läsare som inte känner till Python så väl.

13.1   Graden hos ett hörn

Vi börjar med att implementera algoritmerna 9.1 och 9.2 vilkas syfte är att beräkna graden hos ett visst hörn i en graf, och som använder den kantcentrerade och den hörncentrerade abstrakta datatypen respektive.

13.1.1   Kantcentrerade fallet

Följande programkod representerar en implementation av Algoritm 9.1.

```
def degree(G, v):
    acc = 0
    for i in range(edge_count(G)):
        e = edge(G, i)
        if v == edge_end(G, e, 1):
            acc = acc + 1
        if v == edge_end(G, e, 2):
            acc = acc + 1
    return acc
```

Programkoden följer stegen i Algoritm 9.1 ganska exakt, och den exekverar en slinga för varje kant och ackumulerar bidraget från varje kant till hörnet v i ackumulatorn acc. Den största skillnaden mellan algoritmen och programkoden är att koden inte behöver de lokala variablerna vc och w. Generellt så är det svårt för programmerare att uppfinna meningsfulla namn för variabler, speciellt om programkoden är mycket större än den här. Av den anledningen så är det att föredra att inte använda sig av lokala variabler, förutsatt att detta är praktiskt och att koden i alla fall kan förstås.

Python-konstruktionen `for ... in range(...)` är en slinga i vilket slingräknaren får sig tilldelad de n värdena från 0 till $n-1$, där n är värdet av uttrycket som är argument till funktionen `range`, i vårt fall `edge_count(G)`.

13.1.2 Hörncentrerade fallet

Följande programkod är en implementation av Algoritm 9.2.

```python
def degree(G, v):
    acc = 0
    for i in range(edge_count(G, v)):
        acc = acc + 1
        if v == follow_edge(G, v, edge(G, v, i)):
            acc = acc + 1
    return acc
```

Återigen så följer den här koden stegen av motsvarande algoritm ganska exakt, och återigen så har vi eliminerat några lokala variabler som användes i Algoritm 9.2, vilket gör programmet mera kompakt.

13.2 Medelgrad

13.2.1 Kantcentrerade fallet

Vad beträffar den kantcentrerade abstrakta datatypen så är Algoritm 9.3 i Avsnitt 9.2 enkel att programmera, och resultatet är en funktion med konstant komplexitet, för den använder bara grundläggande funktioner och operationer i Python definierade för den abstrakta datatypen.[1]

---

[1]Återigen är det möjligt att Python-systemet inte kan garantera konstant komplexitet.

Om grafen är tom (dvs den har inga hörn), så definierar vi medelgraden till att
vara 0. Här är programkoden:

```
def average_degree(G):
    vc = vertex_count(G)
    if vc == 0:
        return 0
    return 2.0 * edge_count(G) / vc
```

Vi skulle kunna ha eliminerat den lokala variabeln vc här och ersatt den med
vertex_count(G), men även om vertex_count är en elementär operation så
kan det vara en god idé att bevara den lokala variabeln för en operation kan ta
avsevärt längre tid än att bara få tillgång till värdet på en lokal variabel, och
om vi eliminerar variabeln så är det tämligen säkert så att operationen anropas
två gånger; en gång för att kontrollera om värdet är 0 och en gång i nämnaren
i divisionsuttrycket.

Man märker även användningen av konstanten 2.0 istället för bara 2. Anled-
ningen är att divisionsuttrycket som följer dividerar två heltal, och när båda
operanderna i en division är heltal så är resultatet alltid ett heltal, vilket inte
är vad vi vill ha i det här fallet. Genom att multiplicera den första operanden
med 2.0 först så blir resultatet ett flyttal vilket är precis vad vi vill.

13.2.2   Hörncentrerade fallet

Vad beträffar den hörncentrerade abstrakta datatypen så följer programkoden
Algoritm 9.4 i Avsnitt 9.2 ganska exakt:

```
def average_degree(G):
    vc = vertex_count(G)
    if vc == 0:
        return 0
    acc = 0
    for i in range(vc):
        acc = acc + degree(G, vertex(G, i))
    return float(acc) / vc
```

Programkoden ovan anropar funktionen **degree** som subrutin.

I programkoden ovan märker man också den explicita översättningen av heltalet **acc** till ett flyttal så att divisionen återigen ger ett flyttal som resultat. Ett alternativ till den explicita översättningen skulle ha varit att först multiplicera **acc** med flyttalet 1.0, men vår lösning är att föredra.

13.3 Sammanhängande graf

13.3.1 Hörncentrerade fallet

Koden i det här avsnittet är baserad på Algoritm 9.10 i Avsnitt 9.3. Den algoritmen använder en subrutin, nämligen Algoritm 9.11 med namnet **mark_from**, och som är ansvarig för att markera alla hörn som kan nås via en stig från ett visst hörn *v*. Av den anledningen visar vi först implementationen av funktionen **mark_from**:

```
def mark_from(G, v):
    if vertex_marked(v):
        return
    else:
        mark_vertex(v)
        for i in range(edge_count(G, v)):
            mark_from(G, follow_edge(G, v, edge(G, v, i)))
```

Efter att ha anropat subrutinen **mark_from**, så exekverar Algoritm 9.10 en slinga i vilken den kontrollerar huruvida alla hörn är markerade. Denna kontroll kan vara användbar i andra algoritmer, så vi skriver en oberoende funktion för det ändamålet. Programkoden nedan returnerar 1 (sant) om alla hörn i grafen är märkta, och 0 (falskt) annars:

```
def all_vertices_marked(G):
    for i in range(vertex_count(G)):
        if not vertex_marked(vertex(G, i)):
            return 0
    return 1
```

Innan vi visar den slutliga funktionen behöver vi även en funktion som avmarkerar alla hörn i grafen. Den är mycket enkel och dess komplexitet är $O(|V(G)|)$:

```
def unmark_all(G):
    for i in range(vertex_count(G)):
        unmark_vertex(vertex(G, i))
```

Med dessa nya funktioner är det nu lätt att översätta Algoritm 9.10 till en funktion med namnet `connected(G)` som returnerar 1 (sant) om grafen G är sammanhängande och 0 annars:

```
def connected(G):
    unmark_all(G)
    mark_from(G, vertex(G, 0))
    return all_vertices_marked(G)
```

13.3.2   Kantcentrerade fallet

I Kapitel 9 nämnde vi inte hur man skall veta huruvida en graf är sammanhängande när den kantcentrerade abstrakta datatypen används. Det är rimligt att fråga sig huruvida man kan använda samma funktion för den kantcentrerade abstrakta datatypen som för den hörncentrerade abstrakta datatypen. Funktionerna `unmark_all(G)` och `all_vertices_marked(G)` fungerar för de båda abstrakta datatyperna för de använder bara operationer som är gemensamma i de två abstrakta datatyperna.

Men funktionen `mark_from(v)` som används för den hörncentrerade abstrakta datatypen kan inte användas för den kantcentrerade abstrakta datatypen för den använder operationerna `edge_count(G, v)` och `edge(G, v, i)` som är specifika för den hörncentrerade abstrakta datatypen.

Tyvärr så är det inte så enkelt att implementera en operation som motsvarar `mark_from(G, v)` för den kantcentrerade abstrakta datatypen som det var för den hörncentrerade abstrakta datatypen, för i den kantcentrerade abstrakta datatypen har man inte direkt tillgång till kanterna som berör ett hörn. Man kan bara få tillgång till dessa kanter genom att titta på varje kant i grafen för varje hörn som behandlas. Vi får då en komplexitet som är $O(|V(G)| * |E(G)|)$ istället för $O(|V(G)| + |E(G)|)$ för den hörncentrerade abstrakta datatypen.

Här är programkoden:

```
def mark_from(G, v):
    if vertex_marked(v):
        return
    mark_vertex(v)
    for i in range(edge_count(G)):
        e = edge(G, i)
        if edge_end(G, e, 1) == v:
            mark_from(G, edge_end(G, e, 2))
        if edge_end(G, e, 2) == v:
            mark_from(G, edge_end(G, e, 1))
```

Med definitionen ovan så skrivs funktionen som kontrollerar huruvida en graf är sammanhängande på samma sätt för den kantcentrerade abstrakta datatypen som för den hörncentrerade abstrakta datatypen, förutom att dess komplexitet istället är $O(|V(G)| * |E(G)|)$:

```
def connected(G):
    unmark_all(G)
    mark_from(G, vertex(G, 0))
    return all_vertices_marked(G)
```

13.4 Eulergraf

Som vi såg i Avsnitt 6.5 så om en graf är en Eulergraf så måste den vara sammanhängande och antalet udda hörn måste vara 0 eller 2. (Se Teorem 6.3.).

Vi har redan en funktion för att kontrollera huruvida en graf är sammanhängande (Se Avsnitt 13.3.), och vi har även en funktion för att beräkna graden hos ett hörn. (Se Avsnitt 13.1.) Vi börjar med att kontrollera huruvida grafen är sammanhängande, och om inte så returnerar vi omedelbart 0 (falskt). Sedan

exekverar vi en slinga för varje hörn och börjar räkna antalet udda hörn. Så
snart vi har fler än 2 udda hörn så stannar vi och returnerar återigen 0 (falskt)
Eftersom antalet udda hörn i en graf nödvändigtvis är jämnt, så när slingan
slutar sin exekvering så kan vi med säkerhet returnera 1 (true) för då måste
antalet udda hörn vara antingen 0 eller 2.

13.4.1   Hörncentrerade fallet

Med den hörncentrerade abstrakta datatypen erhåller vi följande programkod:

```
def eulerian(G):
    if not connected(G):
        return 0
    acc = 0
    for i in range(vertex_count(G)):
        if degree(G, vertex(G, i)) % 2:
            acc = acc + 1
            if acc > 2:
                return 0
    return 1
```

Här har vi använt Python-operatorn % som är operationen *modulo*, dvs den
returnerar resten efter divisionen av sin första operand med sin andra operand.
Om graden hos hörnet således är jämn så blir resten vid division av graden med
2 lika med 0 vilket också betyder *falskt* så de underordnade instruktionerna i
det villkorliga uttrycket exekveras inte. I det motsatta fallet, när graden är
udda så blir resten vid division med 2 lika med 1 vilket representerar *sant* så
att de underordnade instruktionerna då exekveras.

Att bestämma komplexiteten för funktionen ovan är aningen knepigt. Komplex-
iteten hos funktionen `connected` är $O(|V(G)| + |E(G)|)$, och det visar sig att
den efterföljande slingan har samma komplexitet, för komplexiteten hos funk-
tionen `degree` är proportionell mot antalet kanter som berör hörnet som testas
och eftersom varje hörn testas exakt en gång så ger detta en komplexitet som
kan skrivas $O(|E(G)|)$, men eftersom det kan finnas isolerade hörn och dessa
hörn också testas i slingan så måste vi lägga till $O(|V(G)|)$ så att den totala

komplexiteten blir $O(|V(G)| + |E(G)|)$ vilket således också blir komplexiteten för hela funktionen.

13.4.2 Kantcentrerade fallet

Samma funktion kan användas för den kantcentrerade abstrakta datatypen som för den hörncentrerade abstrakta datatypen, men komplexiteten är inte densamma, för komplexiteten hos funktionen `degree` är olika i de två fallen.

I det kantcentrerade fallet har funktionen `degree` komplexiteten $O(|E(G)|)$ så vi har nu en yttre slinga där antalet iterationer är $O(|V(G)|)$ och inuti slingan har vi en funktion med komplexiteten $O(|E(G)|)$. Den totala komplexiteten blir då $O(|E(G)| * |V(G)|)$ och den termen kommer att dominera över komplexiteten för funktionen `connected` så att den totala komplexiteten för hela funktionen `eulerian` blir $O(|E(G)| * |V(G)|)$ för den kantcentrerade abstrakta datatypen.

13.5 Övningar

Övning 13.1. *För den hörncentrerade abstrakta datatypen, skriv en funktion* `vertex_with_degree(G, d)` *som returnerar ett hörn med graden* `d` *i en graf* `G` *om ett sådant hörn existerar, och* `-1` *annars.*

Övning 13.2. *För den kantcentrerade abstrakta datatypen, skriv en funktion* `vertex_with_degree(G, d)` *som returnerar ett hörn med graden* `d` *i en graf* `G` *om ett sådant hörn existerar, och* `-1` *annars.*

Övning 13.3. *För den hörncentrerade abstrakta datatypen, skriv en funktion* `vertex_with_max_degree(G)` *som returnerar ett hörn med den största graden av alla hörn i grafen* `G` *(som antas ha minst ett hörn). Om det finns flera sådana hörn så kan vilket som helst returneras.*

Övning 13.4. *För den kantcentrerade abstrakta datatypen, skriv en funktion* `vertex_with_max_degree(G)` *som returnerar ett hörn med den största graden av alla hörn i grafen* `G` *(som antas ha minst ett hörn). Om det finns flera sådana hörn så kan vilket som helst returneras.*

Övning 13.5. *Använd funktionen* `vertex_with_max_degree(G)` *från föregående övningsuppgift för att skriva en funktion* `max_degree(G)` *som returnerar* *den högsta graden hos något hörn i grafen G och 0 om G är tom, dvs den har inga hörn.*

Övning 13.6. *Programmera algoritmerna i övningsuppgifterna i Kapitel 9, för både den hörncentrerade och den kantcentrerade abstrakta datatypen.*

Del IV

Bilagor

Bilaga A

Programmering för abstrakta datatyper

För att kunna programmera algoritmerna i Kapitel 13 så är det nödvändigt att ha tillgång till en Python-implementation av den hörncentrerade och den kantcentrerade abstrakta datatyperna. Här visar vi ett exempel på sådana implementationer, en för varje abstrakta datatyp.

De två abstrakta datatyperna använder samma klasser `Vertex` och `Edge` för hörn och kanter. Definitionerna av dessa klasser tillsammans med definitionerna av de gemensamma operationerna `mark_vertex(v)`, `unmark_vertex(v)`, `vertex_marked(v)` `mark_edge(v)`, `unmark_edge(v)`, `edge_marked(v)` är placerade i modulen vid namn `graph`. I den modulen har vi även lagt till två funktioner som gör det möjligt att sätta *etiketter* (dvs godtyckliga namn) på individuella hörn och kanter så att man enkelt kan skilja dem åt.

────────────────────────── **graph.py** ──────────────────────────

```
# The Edge and Vertex classes are valid for both abstract data types,
# because they do not contain any information other than the label.
# As a consequence, an instance of these classes can also be present
# in several different graphs, possibly using different abstract data
# types.

class Edge:
    def __init__(self, label = 'no label'):
```

155

```python
        self.label = label
        self.marked = 0
    def __repr__(self):
        return '<Edge labeled: ' + self.label + '>'

def mark_edge(edge):
    edge.marked = 1

def unmark_edge(edge):
    edge.marked = 0

def edge_marked(edge):
    return edge.marked

class Vertex:
    def __init__(self, label = 'no label'):
        self.label = label
        self.marked = 0
    def __repr__(self):
        return '<Vertex labeled: ' + self.label + '>'

def mark_vertex(vertex):
    vertex.marked = 1

def unmark_vertex(vertex):
    vertex.marked = 0

def vertex_marked(vertex):
    return vertex.marked

# Some helper functions.

def label(object):
    return object.label

def change_label(object, new_label):
    object.label = new_label
```

De två modulerna **egraph** och **vgraph** innehåller implementationer av klasser och operationer som är specifika för den kantcentrerade och den hörncentrerade abstrakta datatypen respektive. Båda dessa moduler börjar med att importera klasser och operationer från den gemensamma modulen. Efter det så definierar varje modul klassen **Graph**. I varje modul innehåller denna klass *metoder* för att lägga till hörn och kanter, för sättet på vilket detta görs beror på hur klassen för en graf är representerad, och detta beror i sin tur på vilken abstrakt datatyp som används.

Efter definitionen av klassen **Graph** så innehåller varje modul definitionerna av operationer som är specifika för varje abstrakt datatyp, och slutligen har varje modul en funktion för att visa en graf i läsbar form.

———————————————————— **egraph.py** ————————————————————

```python
from graph import *

class Graph:
    def __init__(self, name = 'no name'):
        self.name = name
        self.vertices = []
        self.edges = []
        self.phi = {}

    def add_vertex(self, vertex):
        for v in self.vertices:
            assert v <> vertex, 'vertex is already in graph'
        self.vertices = self.vertices + [vertex]

    def add_edge(self, edge, vertex1, vertex2):
        assert not edge in self.phi, 'edge is already in graph'
        self.edges = self.edges + [edge]
        self.phi[edge] = [vertex1, vertex2]

# Operations of the abstract data type

def vertex_count(graph):
    return len(graph.vertices)

def vertex(graph, i):
    assert i >= 0 and i < vertex_count(graph), 'invalid vertex number'
    return graph.vertices[i]

def edge_count(graph):
```

```
        return len(graph.edges)

def edge(graph, i):
    assert i >= 0 and i < edge_count(graph), 'invalid edge number'
    return graph.edges[i]

def edge_end(graph, edge, i):
    assert edge in graph.phi, 'edge is not in graph'
    return graph.phi[edge][i - 1]

# Utilities specific to this abstract data type

def display_graph(G):
    print vertex_count(G), "Vertices :"
    for i in range(vertex_count(G)):
        print vertex(G, i).label
    print "\n", edge_count(G), "Edges :"
    for i in range(edge_count(G)):
        a = edge(G ,i)
        print edge_end(a, 0).label,
        print " --", a.label,"--",
        print edge_end(a, 1).label
```

```
———————————————————————— vgraph.py ————————————————————————
from graph import *

class Graph:
    def __init__(self, name = 'no name'):
        self.name = name
        self.vertices = []
        self.psi = {}

    def add_vertex(self, vertex):
        assert not vertex in self.psi, 'vertex is already in graph'
        self.vertices = self.vertices + [vertex]
        self.psi[vertex] = []

    def add_edge(self, edge, vertex1, vertex2):
        assert vertex1 in self.psi, 'vertex 1 is not in graph'
        assert vertex2 in self.psi, 'vertex 2 is not in graph'
```

```
        for v in self.vertices:
            for ev in self.psi[v]:
                assert edge <> ev[0], 'edge is already in graph'
        self.psi[vertex1] = self.psi[vertex1] + [[edge, vertex2]]
        if vertex1 <> vertex2:
            self.psi[vertex2] = self.psi[vertex2] + [[edge, vertex1]]


# Operations of the abstract data type

def vertex_count(graph):
    return len(graph.vertices)

def vertex(graph, i):
    assert i >= 0 and i < vertex_count(graph), 'invalid vertex'
    return graph.vertices[i]

def edge_count(graph, vertex):
    assert vertex in graph.psi, 'vertex is not in graph'
    return len(graph.psi[vertex])

def edge(graph, vertex, i):
    assert i >= 0 and i < edge_count(graph, vertex), 'invalid edge'
    return graph.psi[vertex][i][0]

def follow_edge(graph, vertex, edge):
    assert vertex in graph.psi, 'vertex is not in graph'
    for ev in graph.psi[vertex]:
        if ev[0] == edge:
            return ev[1]
    assert 0, 'edge is not incident to vertex'


# Utilities specific to this abstract data type

def display_graph(G):
    print vertex_count(G), "Vertices :"
    for i in range(vertex_count(G)):
        v = vertex(G, i)
        print "Vertices accessible from", v.label, ":"
        for j in range(edge_count(G, v)):
            e = edge(G, v, j)
            print " --", e.label, "--",
            print follow_edge(G, v, a).label
```

Modulen `utils` innehåller allmännyttig programkod som kan användas för de båda abstrakta datatyperna. Bland annat innehåller den en funktion med namnet `make_graph` som har två parametrar: en *grafklass* och en *stiglista*. I praktiken så använder man alltid `Graph` som första argument till `make_graph` för det är alltid namnet på grafklassen som skall användas, oberoende om det är modulen `egraph` eller modulen `vgraph` som tidigare importerats.

Den andra parametern kräver en längre förklaring. Den består av en Python-lista av element där varje element representerar ett hörn i grafen som skall konstrueras. Låt oss kalla denna lista för listan på *nivå ett*. Varje element i listan på nivå ett representerar således ett hörn i grafen, och varje sådant element är också en Python-lista inuti listan på nivå ett. Låt oss kalla en sådan lista en lista på *nivå två*. Det första elementet i en lista på nivå två är en teckensträng som måste vara unik, och som skall användas som *namn* eller *etikett* på hörnet. Resterande element i en lista på nivå två representerar vart och ett en *kant*. Varje sådan kant representeras igen av en Python-lista som har exakt två element och som vi kallar en lista på *nivå tre*. Det första elementet i en lista på nivå tre är namnet eller etiketten hos hörnet på motsatt sida av kanten. Det andra elementet i en lista på nivå tre är en teckensträng som skall användas som skall användas som *namn* eller *etikett* på kanten. Här är ett exempel:

```
[["Bo", ["Anna", "close"]],
 ["Anna", ["Erik", "very close"]],
 ["Erik"],
 ["Arne", ["Siv", "never met before"], ["Ola", "close"]],
 ["Siv"],
 ["Ola"],
 ["Eva"],
 ["Kurt"]]
```

Exemplet ovan är en textrepresentation av Figur 2.1 från Avsnitt 2.2 i vilken kanterna har fått etiketter som antyder någon form av *närhet* av förhållandet. Som exempel visar så är varje kant representerad en enda gång, men det spelar ingen roll i vilket hörn den representeras.

Här är programkoden för modulen `utils`:

─────────────────── **utils.py** ───────────────────

```
from graph import *

def make_graph(graph_class, paths):
    # Build a dictionary that maps vertex labels to vertices
    vertex_labels = {}
    for p in paths:
        vertex_labels[p[0]] = Vertex(p[0])
    # Create an empty graph
    graph = graph_class()
    # Add the vertices to the graph
    for label in vertex_labels:
        graph.add_vertex(vertex_labels[label])
    # Create and add the edges to the graph
    for p in paths:
        v = vertex_labels[p[0]]
        for link in p[1:]:
            w = vertex_labels[link[0]]
            e = Edge(link[1])
            graph.add_edge(e, v, w)
    # Done.
    return graph
```

Bilaga B

Programmering av grafalgoritmer

Med förberedelserna från Bilaga A kan vi nu implementera algoritmerna för de båda abstrakta datatyperna. För att välja vilken abstrakt datatyp vi vill ha så måste vi ladda in motsvarande definitioner i våra program. Valet görs genom att man i början på varje modul skriver en utav de två instruktionerna `from vgraph import *` eller `from egraph import *`.

Modulerna `valgo` och `ealgo` innehåller algoritmerna beskrivna i Kapitel 9 och programmerade i Kapitel 13.

```
──────────────── valgo.py ────────────────

# Algorithms for the vertex-centered abstact data type
from vgraph import *

def degree(G, v):
    acc = 0
    for i in range(edge_count(G, v)):
        acc = acc + 1
        if v == follow_edge(G, v, edge(G, v, i)):
            acc = acc + 1
    return acc

def average_degree(G):
```

```
    vc = vertex_count(G)
    if vc == 0:
        return 0
    acc = 0
    for i in range(vc):
        acc = acc + degree(G, vertex(G, i))
    return float(acc) / vc

def unmark_all(G):
    for i in range(vertex_count(G)):
        unmark_vertex(vertex(G, i))

def all_vertices_marked(G):
    for i in range(vertex_count(G)):
        if not vertex_marked(vertex(G, i)):
            return 0
    return 1

def mark_from(G, v):
    if vertex_marked(v):
        return
    else:
        mark_vertex(v)
        for i in range(edge_count(G, v)):
            mark_from(G, follow_edge(G, v, edge(G, v, i)))

def connected(G):
    unmark_all(G)
    mark_from(G, vertex(G, 0))
    return all_vertices_marked(G)

def eulerian(G):
    if not connected(G):
        return 0
    acc = 0
    for i in range(vertex_count(G)):
        if degree(G, vertex(G, i)) % 2:
            acc = acc + 1
            if acc > 2:
                return 0
    return 1
```

```python
# Algorithms for the edge-centered abstact data type
from egraph import *

def degree(G, v):
    acc = 0
    for i in range(edge_count(G)):
        e = edge(G, i)
        if v == edge_end(G, e, 1):
            acc = acc + 1
        if v == edge_end(G, e, 2):
            acc = acc + 1
    return acc

def average_degree(G):
    vc = vertex_count(G)
    if vc == 0:
        return 0
    return 2.0 * edge_count(G) / vc

def unmark_all(G):
    for i in range(vertex_count(G)):
        unmark_vertex(vertex(G, i))

def all_vertices_marked(G):
    for i in range(vertex_count(G)):
        if not vertex_marked(vertex(G, i)):
            return 0
    return 1

def mark_from(G, v):
    if vertex_marked(v):
        return
    mark_vertex(v)
    for i in range(edge_count(G)):
        e = edge(G, i)
        if edge_end(G, e, 1) == v:
            mark_from(G, edge_end(G, e, 2))
```

```
        if edge_end(G, e, 2) == v:
            mark_from(G, edge_end(G, e, 1))

def connected(G):
    unmark_all(G)
    mark_from(G, vertex(G, 0))
    return all_vertices_marked(G)

def eulerian(G):
    if not connected(G):
        return 0
    acc = 0
    for i in range(vertex_count(G)):
        if degree(G, vertex(G, i)) % 2:
            acc = acc + 1
            if acc > 2:
                return 0
    return 1
```

Litteraturförteckning

[AHU83]   Alfred V. Aho, John E. Hopcroft, and Jeffrey Ullman. *Data Struc-
            tures and Algorithms*. Addison-Wesley Longman Publishing Co.,
            Inc., Boston, MA, USA, 1st edition, 1983.

[Bir98]   Richard Bird. *Introduction to Functional Programming using
            Haskell*. Prentice Hall PTR, 2 edition, May 1998.

[BJG08]   Jørgen Bang-Jensen and Gregory Z. Gutin. *Digraphs: Theory, Al-
            gorithms and Applications*. Springer Publishing Company, Incorpo-
            rated, 2nd edition, 2008.

[Bon76]   John Adrian Bondy. *Graph Theory With Applications*. Elsevier
            Science Ltd, 1976.

[Bud91]   Timothy Budd. *An introduction to object-oriented programming*.
            Addison Wesley Longman Publishing Co., Inc., Redwood City, CA,
            USA, 1991.

[BW88]   Richard Bird and Philip Wadler. *An introduction to functional pro-
            gramming*. Prentice Hall International (UK) Ltd., Hertfordshire,
            UK, UK, 1988.

[CSRL01]   Thomas H. Cormen, Clifford Stein, Ronald L. Rivest, and Charles E.
            Leiserson. *Introduction to Algorithms*. McGraw-Hill Higher Educa-
            tion, 2nd edition, 2001.

[Dow09]   Allen B. Downey. *Python for Software Design: How to Think Like
            a Computer Scientist*. Cambridge University Press, New York, NY,
            USA, 1 edition, 2009.

[FFFK01] Matthias Felleisen, Robert B. Findler, Matthew Flatt, and Shriram Krishnamurthi. *How to design programs: an introduction to programming and computing.* MIT Press, Cambridge, MA, USA, 2001.

[GY03] J.L. Gross and J. Yellen. *Handbook of Graph Theory.* Discrete Mathematics and Its Applications. Taylor & Francis, 2003.

[JHM11] Richard Jones, Antony Hosking, and Eliot Moss. *The Garbage Collection Handbook: The Art of Automatic Memory Management.* Chapman & Hall/CRC, 1st edition, 2011.

[Lut10] Mark Lutz. *Programming Python, 4th edition.* O'Reilly Media, Inc., 2010.

[MRA05] Alex Martelli, Anna Ravenscroft, and David Ascher. *Python Cookbook.* O'Reilly Media, Inc., 2005.

[MS08] Kurt Mehlhorn and Peter Sanders. *Algorithms and Data Structures: The Basic Toolbox.* Springer Publishing Company, Incorporated, 1 edition, 2008.

Sakregister

www.ingramcontent.com/pod-product-compliance
Lightning Source LLC
Chambersburg PA
CBHW080415060326
40689CB00019B/4248